Hubert Albus

Fabeln, Parabeln und Schwänke

Humorvolle, lehrreiche und belehrende Texte
von Aesop bis Brecht

Kompetenz in Literatur

Kopiervorlagen mit Lösungen

D1720613

BRIGG Pädagogik

Gedruckt auf umweltbewusst gefertigtem, chlorfrei gebleichtem
und alterungsbeständigem Papier.

1. Auflage 2011
Nach den seit 2006 amtlich gültigen Regelungen der deutschen Rechtschreibung
© by Brigg Pädagogik Verlag GmbH, Augsburg

ISBN 978-3-87101-755-1
www.brigg-paedagogik.de

Inhaltsverzeichnis

Vorwort 4

Fabeln

1. Merkmale einer Fabel 5
2. Babrios/Jean de La Fontaine/Georg Born/Helmut Arntzen: Ameise und Grille 19
3. Aesop/Martin Luther/James G. Thurber/Helmut Arntzen: Die Teilung der Beute 27
4. Phaedrus/Jean de La Fontaine/Gotthold Ephraim Lessing/Franz Grillparzer: Der Rabe und der Fuchs 33
5. Aesop/Jean de La Fontaine/Hermann (Harry) Schmitz: Der Fuchs und die Trauben 41
6. Gotthold Ephraim Lessing: Der Esel und der Wolf/Der kriegerische Wolf 47
7. Gotthold Ephraim Lessing: Die Geschichte des alten Wolfs 53
8. Gotthold Ephraim Lessing: Der Besitzer des Bogens/Die Sperlinge 59
9. James G. Thurber: Die ziemlich intelligente Fliege/Christian Fürchtegott Gellert: Das Pferd und die Bremse/Christian August Fischer: Der Löwe und die Mücke/Wolfdietrich Schnurre: Die Macht der Winzingkeit 65
10. James G. Thurber: Der propre Ganter/Die Kaninchen, die an allem schuld waren 75
11. Wolfdietrich Schnurre: Politik/Franz Kafka: Kleine Fabel/Reiner Kunze: Das Ende der Fabeln 83

Parabeln

1. Merkmale einer Parabel 89
2. Louis Bromfield: Meine Freunde 97
3. Bertolt Brecht: Der hilflose Knabe/Maßnahmen gegen die Gewalt 101
4. Christa Reinig: Skorpion 107
5. Ernst Bloch: Armer und reicher Teufel 113
6. Franz Kafka: Heimkehr/Lukas 15; 11–32: Vom verlorenen Sohn 119
7. Franz Kafka: Eine kaiserliche Botschaft 127
8. Franz Kafka: Der Kübelreiter 135

Schwänke und Kalendergeschichten

1. Volksgut: Till Eulenspiegel 141
2. Johann Peter Hebel: Der kluge Richter 147
3. Johann Peter Hebel: Unverhofftes Wiedersehen 153
4. Gottfried August Bürger: Feldzüge und lustige Abenteuer des Freiherrn von Münchhausen. Wunderbare Reisen zu Wasser und zu Lande. 159

Bild- und Textnachweis 175

Vorwort

Literaturunterricht, und damit verbunden der Erwerb von Lesekompetenz, gewinnt in unserer, von den neuen Medien beherrschten Zeit immer mehr an Bedeutung. Die vorliegende Reihe will dazu beitragen, dass literarische Texte leichter erfasst werden und das Leseverständnis weiter verbessert wird.

Die Reihe „Kompetenz in Literatur" umfasst folgende Einzelbände:
1. Kurzgeschichten – Schicksalhafte Lebenssituationen verstehen
2. Balladen – Schicksalhaftes durch drei Jahrhunderte
3. Gedichte – Von Walther von der Vogelweide bis Walter Helmut Fritz
4. Märchen, Sagen und Epen – Bezaubernde, bedeutende und belehrende Texte von Homer bis Christa Wolf
5. Fabeln, Parabeln und Schwänke – Humorvolle, lehrreiche und belehrende Texte von Aesop bis Helmut Arntzen

Jeder Band ist nach dem gleichen Prinzip aufgebaut. Auf ein gut strukturiertes Stundenbild folgt ein optisch wie inhaltlich ansprechendes Arbeitsblatt, das die Schlüsselaussage der betreffenden Unterrichtseinheit umfasst. Dazu werden zahlreiche Materialien wie Autorenporträts, Quellenberichte und Bezüge zur Gegenwart mit Bildern und Grafiken angeboten. Das Lösungsblatt folgt unmittelbar dem Arbeitsblatt, um Ihnen die Unterrichtsvorbereitung und -nachbereitung zu erleichtern.

Besonderen Wert legt der Autor auf einen motivierenden Einstieg. Häufig können Sie Bilder einsetzen, die als stummer Impuls an die Tafel (Vergrößerung mindestens auf DIN A3) gehängt, bzw., wenn Sie diese auf Folie kopieren, an die Wand geworfen werden können und als Sprechanlass dienen.

Für den Unterrichtenden bedeutet der Einsatz dieser Reihe zum einen eine erhebliche Arbeitserleichterung, zum anderen die Chance, Schülern Literatur auf anspruchsvolle Art „schmackhaft" zu machen und nahezubringen.

Viel Freude und Erfolg mit diesem Band
wünschen Ihnen

Autor und Verlag

Merkmale einer Fabel

Lerninhalte:

- Kennenlernen verschiedener Verfasser von Fabeln
- Wissen um den Aufbau von Fabeln
- Wissen um die Merkmale von Fabeln
- Erkennen bekannter Fabeln anhand von Bildern
- Kenntnis der Lehre von Fabeln

Arbeitsmittel / Medien:

- Arbeitsblätter 1 / 2
- Bilder 1 / 2 / 3 für die Tafel: Fabeln
- Textblätter 1 / 2: Über die Fabel
- Folien 1 / 2: Bilder zu verschiedenen Fabeln
- Folie 3: Verfasser von Fabeln
- Folie 4: Physiognomik: Charles Le Brun (1619–1690)
- Folien 5 / 6: Lösungen zu den Arbeitsblättern 1 / 2

Folie 3

Verlaufsskizze

I. Hinführung

Stummer Impuls	3 Bilder: Tafel	Fabeln
Aussprache	(S. 16/17/18)	
Impuls		L: Wie könnten diese Fabeln heißen?
Aussprache/Ergebnis		Der Wolf und das Lamm. Der Löwe und die Maus. Die Katze und der Fuchs.
Impuls		L: Kennst du weitere Fabeln?
Vorwissen/Aussprache		
Zielangabe	Tafel	Merkmale und Aufbau von Fabeln

II. Erarbeitung

Stummer Impuls	Folien 1/2 (S. 11/12)	Fabeln in Bildern
Aussprache		
Stummer Impuls	Folie 3 (S. 5)	Einige Verfasser von Fabeln
Aussprache	Tafel (Folie)	

1 Martin Luther (1483–1546)	7 Gotthold Ephraim Lessing (1729–1781)
2 Christian Fürchtegott Gellert (1715–1769)	8 Bertolt Brecht (1898–1956)
3 Wilhelm Busch (1832–1908)	9 Helmut Arntzen (1931)
4 Gottlieb Konrad Pfeffel (1736–1809)	10 Aesop (um 600 v. Chr.)
5 Jean de La Fontaine (1621–1695)	11 Franz Grillparzer (1791–1872)
6 Wolfdietrich Schnurre (1920–1989)	12 James Thurber (1894–1961)

Zusammenfassung	Tafel (Folie)	Kennzeichen von Fabeln

❶ Zumeist kurzer Text (Gedicht, Prosa); ❷ Tiere reden (Dialog) und haben typisch menschliche, negative Eigenschaften wie Neid, Eitelkeit, Dummheit, Geiz, Stolz, Faulheit, Brutalität etc.; ❸ Wendepunkt; ❹ Pointe (Zuspitzung, überraschender Schluss); ❺ Lehre (Moral, Lebensweisheit, Kritik)

	Arbeitsblatt 1 (S. 7)	Merkmale von Fabeln
Kontrolle (Lösungsblatt)	Folie 5 (S. 8)	

III. Wertung

Stummer Impuls	Folie 4 (S. 15)	Physiognomik: Charles Le Brun (1619–1690) Französischer Maler (ab 1662 Hofmaler von Ludwig XIV.), Architekt, Ausstattung von Versailles L: Was könnte Physiognomik heißen?
Aussprache	Tafel (Folie)	Definition

In der Physiognomik (griech. physis = Natur, Gestalt; gnōmē = Erkenntnis) schließt man aus dem unveränderlichen physiologischen Äußeren des Körpers, besonders des Gesichts, auf die seelischen Eigenschaften eines Menschen. Die Physiognomik zählt heute zu den Pseudowissenschaften. (Wikipedia)

Schüler ordnen zu		Ähnlichkeiten von menschlichen Köpfen mit Tieren 1 Wiesel; 2d Widder; 3e Papagei; 4b Adler; 5a Kamel; 6 Schaf/Lamm; 7c Katze
Impuls		L: Wenn man diese Studien sieht, kann das problematisch werden.
Aussprache/Ergebnis		Man sollte Menschen nicht mit Tieren vergleichen. Keinesfalls darf man auf den Charakter schließen. Charakter hängt mit dem Willen zusammen, eine Wesensart, die Tiere nicht haben.

IV. Sicherung

Zusammenfassung	Arbeitsblatt 2 (S. 13)	Tiere aus Fabeln
Kontrolle (Lösungsblatt)	Folie 6 (S. 14)	
	Textblätter 1/2 (S. 9/10)	Über die Fabel
Erlesen mit Aussprache		

Hubert Albus: Fabeln, Parabeln und Schwänke · Best. Nr. 755 · © Brigg PÄdagogik Verlag GmbH, Augsburg

| **Lit** | Name: _____ | Datum: _____ |

Merkmale von Fabeln

I. Definition: Fabel

_____

_____

_____

_____

_____

Aesop

II. Bekannte Verfasser von Fabeln

❶ Wie heißen die vier rechts abgebildeten Fabelautoren?

_____

_____

❷ Finde weitere Schriftsteller, die Fabeln verfasst haben. Bereite über einen Verfasser deiner Wahl ein Kurzreferat vor.

_____

_____

_____

Luther

III. Merkmale von Fabeln

Die meisten Fabeln sind _____ und haben eine _____ Struktur. Die Handlung wird zumeist in einem _____ (Rede und Gegenrede) dargestellt. Die sogenannte „_____" (Moral) kann gleich zu _____ (Promythion) oder erst am _____ (Epimythion) aufgeführt werden, denn die Fabel will belehren und unterhalten, vor allem aber Kritik am menschlichen _____ üben und politische und gesellschaftliche _____ der jeweiligen Zeit anprangern. Im Mittelpunkt stehen _____, seltener auch Pflanzen, die wie Menschen _____, _____ und _____. Zumeist stehen sich _____ Tiere gegenüber, die charakteristische _____ Eigenschaften haben.

Lessing

La Fontaine

IV. Aufbau

Jede Fabel kann in **Versform** oder in **Prosa** stehen und besitzt einen **dreigliedrigen** Aufbau.

❶ Ausgangssituation:

_____

_____

❷ Konfliktsituation:

_____

_____

❸ Lösung:

_____

_____

Lit | Lösung

Merkmale von Fabeln

I. Definition: Fabel

Der Begriff „Fabel" kommt aus dem Lateinischen und bedeutet so viel *wie Geschichte, Erzählung, Gespräch. Die Fabel ist eine kurze, häufig* *witzige Prosa- oder Verserzählung. In ihr werden typisch menschliche* *Verhaltensweisen und negative Eigenschaften zum Zweck moralischer* *Belehrung vor allem auf Tiere, aber auch auf Pflanzen übertragen.*

II. Bekannte Verfasser von Fabeln

❶ **Wie heißen die vier rechts abgebildeten Fabelautoren?**

Aesop (um 600 v. Chr.), Martin Luther (1483–1546), Gotthold Ephraim *Lessing (1729–1783), Jean de La Fontaine (1621–1695)*

❷ **Finde weitere Schriftsteller, die Fabeln verfasst haben. Bereite** **über einen Verfasser deiner Wahl ein Kurzreferat vor.**

Titus Livius, Phädrus, Babrios, Christian Fürchtegott Gellert, Gottlieb *Konrad Pfeffel, Magnus Gottfried Lichtwer, Wilhelm Busch, Wilhelm Hey,* *James Thurber, Wolfdietrich Schnurre, Georg Born, Helmut Arntzen*

III. Merkmale von Fabeln

Die meisten Fabeln sind ___*kurz*___ und haben eine ___*einfache*___ Struktur. Die Handlung wird zumeist in einem ___*Dialog*___ (Rede und Gegenrede) dargestellt. Die sogenannte „___*Lehre*___" (Moral) kann gleich zu ___*Beginn*___ (Promythion) oder erst am ___*Ende*___ (Epimythion) aufgeführt werden, denn die Fabel will belehren und unterhalten, vor allem aber Kritik am menschlichen ___*Verhalten*___ üben und politische und gesellschaftliche ___*Missstände*___ der jeweiligen Zeit anprangern. Im Mittelpunkt stehen ___*Tiere*___, seltener auch Pflanzen, die wie Menschen ___*sprechen*___, ___*denken*___ und ___*handeln*___. Zumeist stehen sich ___*zwei*___ Tiere gegenüber, die charakteristische ___*menschliche*___ Eigenschaften haben.

IV. Aufbau

Jede Fabel kann in **Versform** oder in **Prosa** stehen und besitzt einen **dreigliedrigen** Aufbau.

❶ **Ausgangssituation:**

Zu Beginn werden die handelnden „Personen" vorgestellt. Dabei *kommt auch ein Konflikt zur Sprache.*

❷ **Konfliktsituation:**

Die Auslösung der Handlung erfolgt in Rede und Gegenrede, die *rasch auf den Wende- und Höhepunkt (Pointe) zusteuert.*

❸ **Lösung:**

Das Ergebnis der Handlung stellt den Ausgangssachverhalt in *Frage und endet häufig mit einem Lehrsatz (Moral).*

Hubert Albus: Fabeln, Parabeln und Schwänke • Best.-Nr. 755 • © Brigg Pädagogik Verlag GmbH, Augsburg

Über die Fabel

Der Begriff „Fabel" ist ein Lehnwort aus dem Lateinischen. Er ist abgeleitet vom Substantiv „fabula" und bedeutet soviel wie „gesprochenes Wort, Gespräch, Gerede, Erzählung". Im engeren Sinn ist die Fabel eine in Vers oder Prosa verfasste Erzählung mit belehrender Absicht, in der Tiere, Pflanzen oder fabelhafte Mischwesen, seltener auch Gegenstände menschliche Eigenschaften besitzen (Personifikation).

Die Dramatik der Fabelhandlung zielt auf eine belehrende Schlusspointe, eine Moral, hin. Wichtigstes charakteristisches Merkmal einer Fabel ist, dass im Mittelpunkt der Handlung oft Tiere stehen, denen die Menschen bestimmte Eigenschaften zugeschrieben haben. Die Tiere handeln, denken und sprechen wie Menschen. Mit dem Erzählen verbindet sich bei der Fabel das Belehren, die kurzen Geschichten werden auf Nutzanwendungen zugespitzt, menschliches Fehlverhalten wird dabei angeprangert, Missstände im Zusammenleben der Menschen kritisiert.

In der Antike wurde die Fabel nicht als literarische Gattung angesehen, sie war eher den niederen Schichten zugehörig und wurde höchstens als rhetorisches Element verwendet.

Die gesellschaftskritischen Möglichkeiten der Fabel nutzten schon griechische Dichter des 7. Jahrhunderts v. Chr. Die älteste überlieferte Fabel „Nachtigall und Habicht" stammt von Hesiod (um 700 v. Chr.). Sie hatte sozialkritische Funktion.

Von ihrer begleitenden Rolle wurde die Fabel erst durch Aesop befreit. Dass er ein Phryger aus Kleinasien war, im 6. Jahrhundert v. Chr. auf der Insel Samos als Sklave lebte (so der griechische Geschichtsschreiber Herodot), passt zur üblichen allgemeinen Vorstellung über die Herkunft der Fabel und die Person eines Fabeldichters. An Aesop als dem Vertreter der untersten Gesellschaftsschicht scheint sich die Entwicklung der Fabel auch als Erzeugnis bestimmter gesellschaftlicher Verhältnisse erklären zu lassen. Er hinterließ nichts Schriftliches. Seine Prosafabeln unter seinem Namen wurden mündlich weitergegeben und erst um 400 v. Chr. von einem Athener namens Demetrios von Phaleron zusammengefasst.

Phaedrus (ca. 50 n. Chr.) scheint sich dieser Ausgabe als Quelle bedient zu haben. Er war es auch, der Fabeln in Rom bekannt gemacht und als eigene Literaturgattung begründet hat.

Schon zuvor hatte der Patrizier Menenius Agrippa (495 v. Chr.) die Fabel vom Magen und den Gliedern zu einem politischen Zweck verwendet, indem er die aus Protest auf den Heiligen Berg ausgewanderten Plebs zur Rückkehr nach Rom bewegt – der Historiker Livius berichtet darüber.

Nach Phaedrus verfasste Babrios, ein griechisch schreibender Römer, der um 150 n. Chr. lebte, zwei Bücher mit ca. 200 Fabeln, die viele Nachahmer fanden. Avianus (um 400 n. Chr.) übertrug Fabeln in lateinische Verse und löste sie schließlich in Prosa auf.

Im 5. Jahrhundert n. Chr. entstand dann eine Sammlung von 100 Prosafabeln, der „Romulus". Bereits bei Phaedrus hatte die Bezeichnung „Fabel" die Qualität eines Gattungsbegriffs.

Rund 300 Jahre nach Phaedrus verfasste der Römer Avianus Fabeln in Versform, die weitgehend Äsop entlehnt waren.

Viele Fabeln wollten nicht gesellschaftliche Verhältnisse aufdecken, hatten also keine politische Dimension, sondern suchten, unabhängig von den verschiedenen Schichten der Bevölkerung, nach Grundformen menschlicher Verhaltensmuster. Arm und reich, schwach und stark, adelig und gemein, tapfer und feige, gescheit und dumm, mächtig und ohnmächtig, überlegen und tölpelhaft – solche äußersten Gegensätze waren im menschlichen Leben leicht erfahrbar. Und an diese konnte eine Lehre, sei sie nun politisch, sittlich, religiös oder als allgemeiner Erfahrungssatz formuliert, angeknüpft werden und um so überzeugender wirken, je stärker die Kontraste waren.

Die Wiederentdeckung der Fabel setzte im deutschen Sprachgebiet erst im Spätmittelalter ein. Wesentlichen Anteil daran hatte eine von Ulrich Boner um 1330 veröffentlichte Fabelsammlung mit dem Titel „Der Edelstein". Boners Werk umfasst 100 Fabeln, die er zuvor aus dem Lateinischen ins Deutsche übersetzt hatte.

Hubert Aßbus: Fabeln, Parabeln und Schwänke · Best.-Nr. 755 · © Brigg Pädagogik Verlag GmbH, Augsburg

Der Ulmer Arzt Steinhöwel gab 1476 eine Fabelsammlung unter dem Titel „Esopus" heraus, die selbst den literarisch anspruchsvollen Humanismus und die Reformation überdauerte.

Martin Luther bearbeitete 14 Fabeln unter Benutzung der Steinhöwelschen Ausgabe, um ein Gegengewicht gegen allzu theoretische, moralisch-theologische Unterweisungen zu schaffen und dem Volk in einer verständlichen Sprache Hilfe in praktischen Lebensfragen anzubieten. Auch die Fabeln von Hans Sachs waren wegen ihrer derb-witzigen, lehrhaften Fabulierkunst bekannt und wurden gern gelesen.

Die erste Ausgabe der Phaedrusfabeln in lateinischer Sprache (1596) ist dem Franzosen Pithou zu verdanken.

Aber die Begeisterung an dieser Gattung flaute wieder merklich ab. In Deutschland zeigten weder Barockzeit noch Klassik großes Interesse an der „Pöbeldichtung". Beifällig aufgenommen wurden allerdings Christian Fürchtegott Gellerts „Fabeln und Erzählungen" (1746), die auf eigener Erfindung beruhten und im Gegensatz zu den bisher hauptsächlich gepflegten Tierfabeln vorwiegend Menschenfabeln boten.

Gotthold Ephraim Lessing (1729–1781) versuchte in der Verbindung von Fabeltheorie („Abhandlungen über die Fabel", 1759) mit eigener Fabeldichtung den Wert dieser Gattung wieder ins Bewusstsein der Menschen zu rücken und vollbrachte damit eine Leistung, die der des Franzosen Jean de La Fontaine (1621–1695) ebenbürtig war.

Dass die Fabel auch im 20. Jahrhundert nicht tot ist, wie es oft in der Fachliteratur behauptet wird, beweisen die Fabelsammlungen von Wolfdietrich Schnurre, Helmut Arntzen und James Thurber. In seinen „75 Fabeln für Zeitgenossen" zeigt der amerikanische Autor mit humorvollgewürzter Moral typische Schwächen der modernen Gesellschaft und des Menschen auf. Eine Tendenz zur Satire und Ironie wird allerdings spürbar.

Diese Ironisierung und Infragestellung der Fabeltradition hat zu der These geführt, die moderne Fabel habe mit den traditionellen Strukturformen der Gattung gebrochen und sei nicht mehr in der Lage, die politisch-gesellschaftliche Wirklichkeit der modernen Industriegesellschaft zu bewältigen.

Hubert Albus: Fabeln, Parabeln und Schwänke · Best.-Nr. 755 · © Brigg Pädagogik Verlag GmbH, Augsburg

Der Hase und die Frösche. Illustration: Gustave Doré

Der Löwe, der Wolf und der Fuchs. Illustration: Gustave Doré

Der Fuchs und der Storch. Illustration: Gustave Doré

Der Fuchs und der Ziegenbock. Illustration: Gustave Doré

Der Adler und die Elster. Illustration: Gustave Doré

Der kranke Löwe und der Fuchs. Illustration: Gustave Doré

Hubert Albus: Fabeln, Parabeln und Schwänke · Best.-Nr. 755 · © Brigg Pädagogik Verlag GmbH, Augsburg

Fink und Frosch. Illustration: Wilhelm Busch

Holzschnitte: Virgil Solis

❶ Fabel vom Frosch und dem Ochsen   ❷ Fabel vom kranken Esel und dem Wolf
❸ Fabel vom Fuchs und den Trauben   ❹ Fabel vom Hengst und dem Esel

Der Hase und der Igel. Illustration: Gustav Süs

Der Hund am Wasser. Holzschnitt: Johann Zainer

Hubert Albus: Fabeln, Parabeln und Schwänke · Best.-Nr. 755 · © Brigg Pädagogik Verlag GmbH, Augsburg

Lit | Name: _____ | Datum: _____

Tiere aus Fabeln

❶ Welche Eigenschaften haben folgende Tiere? Trage sie in die erste Spalte ein.

Affe

Storch _____ _____

Gans _____ _____

Igel _____ _____

Hase _____ _____

Esel _____ _____

Bär _____ _____

Fuchs _____ _____

Wolf _____ _____

Hahn _____ _____

Geizhals

Hund _____ _____

Ziege _____ _____

Löwe _____ _____

Rabe _____ _____

Ente _____ _____

Lamm _____ _____

Geier

❷ Ordne jedem Tier den passenden menschlichen Charaktertyp zu. Trage die Typen in die zweite Spalte von Aufgabe 1 ein.

Angsthase – Sturkopf – Intrigant – Freund – Machtmensch – Dummerchen – Schwächling – Schlaumeier – Snob – Griesgram – Schwatzweib – Bösewicht – Dandy – Kraftmeier – Egoist

❸ Tiere haben germanische Fabelnamen. Verbinde richtig.

Adebar	Löwe	Adelheid	Ziege
Isegrim	Hase	Hylax	Gans
Petz	Bär	Boldewyn	Fuchs
Nobel	Wolf	Metke	Hund
Lampe	Storch	Reineke	Esel

❹ Menschen werden oft als Tiere dargestellt. Beschreibe kurz die beiden Karikaturen.

Weber, A. Paul: Das neue Rezept, 1961 © VG Bild-Kunst, Bonn 2011

Weber, A. Paul: Der Festschmaus, 1959 © VG Bild-Kunst, Bonn 2011

_____

_____

_____

Hubert Albus: Fabeln, Parabeln und Schwänke · Best.-Nr. 755 · © Brigg Pädagogik Verlag GmbH, Augsburg

Lit | Lösung

Tiere aus Fabeln

❶ **Welche Eigenschaften haben folgende Tiere? Trage sie in die erste Spalte ein.**

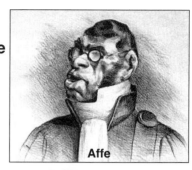
Affe

Tier	Eigenschaften	Charaktertyp
Storch	*stolz, eingebildet*	*Dandy*
Gans	*geschwätzig, dumm*	*Schwatzweib*
Igel	*schlau, zurückhaltend*	*Schlaumeier*
Hase	*ängstlich, einfältig*	*Angsthase*
Esel	*störrisch, naiv, einfältig*	*Dummkopf*
Bär	*stark, gutmütig, unklug*	*Kraftmeier*
Fuchs	*listig, schlau, gerissen*	*Intrigant*
Wolf	*rücksichtslos, gefräßig*	*Bösewicht*
Hahn	*eitel, schlau, egoistisch*	*Egoist*
Hund	*treu, gutherzig, gierig*	*Freund*
Ziege	*unzufrieden, stur*	*Griesgram*
Löwe	*mäjestätisch, mächtig, stark*	*Machtmensch*
Rabe	*eitel, selbstgefällig*	*Snob (Narziss)*
Ente	*dumm, vorlaut*	*Dummerchen*
Lamm	*schwach, hilflos, ängstlich*	*Schwächling*

Geizhals

❷ **Ordne jedem Tier den passenden menschlichen Charaktertyp zu. Trage die Typen in die zweite Spalte von Aufgabe 1 ein.**

Angsthase – Sturkopf – Intrigant – Freund – Machtmensch – Dummerchen – Schwächling – Schlaumeier – Snob – Griesgram – Schwatzweib – Bösewicht – Dandy – Kraftmeier – Egoist

Geier

❸ **Tiere haben germanische Fabelnamen. Verbinde richtig.**

Adebar — Löwe
Isegrim — Hase
Petz — Bär
Nobel — Wolf
Lampe — Storch

Adelheid — Ziege
Hylax — Gans
Boldewyn — Fuchs
Metke — Hund
Reineke — Esel

❹ **Menschen werden oft als Tiere dargestellt. Beschreibe kurz die beiden Karikaturen.**

Weber, A. Paul: Das neue Rezept, 1961 © VG Bild-Kunst, Bonn 2011

Weber, A. Paul: Der Festschmaus, 1959 © VG Bild-Kunst, Bonn 2011

① *Eine Kakadu-Dame lässt einer Maribu-Dame das Essen kosten. Sie unterhalten sich über die Straßenschlucht hinweg.* ② *Ein Ehepaar sitzt beim Abendessen. Sie als schnatternde, eingebildete Gans, er als dicker kurzsichtiger Karpfen. Sie isst einen Karpfen, er eine Gans.*

Hubert Albus: Fabeln, Parabeln und Schwänke · Best.-Nr. 755 · © Brigg Pädagogik Verlag GmbH, Augsburg

Physiognomik: Charles Le Brun (1619–1690)

Französischer Hofmaler unter Ludwig XIV.

Aufgabe: Zu fünf Tieren kannst du die passenden Gesichter zuordnen. Bei zwei Bildern fehlen die Tiere? Welche könnten es sein?

❶

❷

❸

❹

❺

❻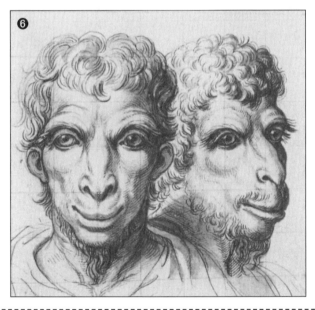

❼

a

b

c

d

e

Der Wolf und das Lamm. Illustration: Gustave Doré

Hubert Albus: Fabeln, Parabeln und Schwänke · Best.-Nr. 755 · © Brigg Pädagogik Verlag GmbH, Augsburg

Die Katze und der Fuchs. Illustration: Gustave Doré

Der Löwe und die Maus. Illustration: Gustave Doré

Ameise und Grille
(Babrios/Jean de La Fontaine/Georg Born/Helmut Arntzen)

Lerninhalte:

• Kennenlernen von vier Fabeln mit ähnlicher Thematik
• Kennenlernen der Autorenporträts
• Wissen um die Eigenschaften von Ameise und Grille
• Vergleich der vier Fabeln und Herausfinden der Verfasserintentionen

Arbeitsmittel / Medien:

• Arbeitsblatt
• Textblatt
• Bild 1 für die Tafel: Ameise
• Bild 2 für die Tafel: Grille
• Bild 3 für die Tafel: Um Almosen bettelnde junge Musikantin
• Folie 1: Lösungsblatt zum Arbeitsblatt
• Folie 2: Autorenporträts
• Wortkarte: Wendepunkt

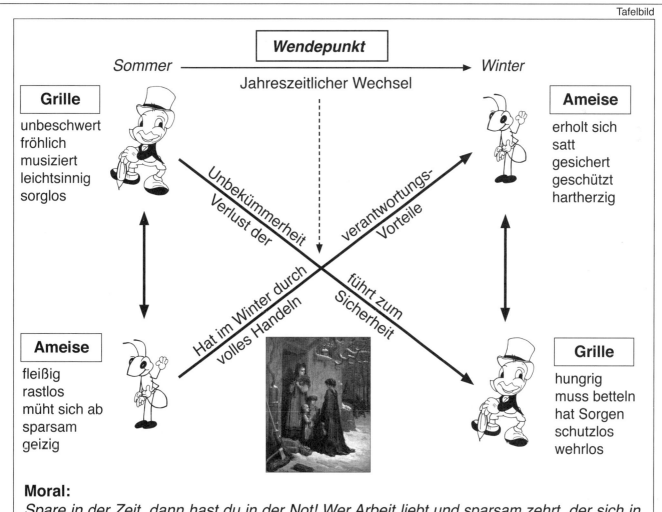

Tafelbild

Wendepunkt

Sommer ——————————————→ Winter

Jahreszeitlicher Wechsel

Grille
unbeschwert
fröhlich
musiziert
leichtsinnig
sorglos

Ameise
erholt sich
satt
gesichert
geschützt
hartherzig

Unbekümmerheit
Verlust der

verantwortungs-
Vorteile

Hat im Winter durch
volles Handeln

führt zum
Sicherheit

Ameise
fleißig
rastlos
müht sich ab
sparsam
geizig

Grille
hungrig
muss betteln
hat Sorgen
schutzlos
wehrlos

Moral:
Spare in der Zeit, dann hast du in der Not! Wer Arbeit liebt und sparsam zehrt, der sich in aller Welt ernährt. Arbeiten bringt Brot, Faulenzen Hungersnot.

Verlaufsskizze

I. Hinführung

Stummer Impuls	Bilder 1/2 (S. 23)	Ameise und Grille (Jiminy von Walt Disney)
Aussprache		
Impuls		L: Betrachte die Grafik. Beachte den Pfeil.
Aussprache		... bekämpfen sich vielleicht ...
Zielangabe	Tafel	Ameise und Grille
Stummer Impuls	Tafel	(Babrios/Jean de La Fontaine/Georg Born/Helmut Arntzen)
Aussprache		
Ergebnis		Das sind Autoren, die Fabeln über die Beziehung der Grille zur Ameise geschrieben haben.

II. Textdarbietung

	Textblatt (S. 21)	Ameise und Grille
Erlesen der Fabeln		
Spontanäußerungen		

III. Arbeit am Text

Arbeitsaufgaben		① Vergleiche die vier Fabeltexte in Bezug auf die Charaktereigenschaften von Grille und Ameise.
		② Wo liegt jeweils der Wendepunkt der Fabel?
		③ Wird eine Lehre (Moral) formuliert? Welche?
Aussprache		
Textbezüge		
Zusammenfassung	Tafel	zu ① Eigenschaften der Ameise: ... Eigenschaften der Grille: ...
	Wortkarte/Tafel	Wendepunkt
	Tafel	zu ② Sommer → Winter
		zu ③ Bei Babrios, La Fontaine und Arntzen fehlt die Lehre, nur Born formuliert eine Moral.
Lehrerfrage		L: Wie könnte die Lehre bei Babrios und La Fontaine lauten?
Aussprache		
	Tafel	Spare in der Zeit, dann hast du in der Not!
Impuls		L: Stimmt unser Tafelbild, wenn es um die Fabel von Georg Born geht?
Aussprache mit Ergebnis		Man müsste die Position der Antagonisten vertauschen: Die Ameise zuerst oben, dann unten; die Grille zuerst unten, dann oben.

IV. Wertung

Stummer Impuls	Bild 3 (S. 24)	Die Grille und die Ameise (Gustave Doré)
Aussprache		Um Almosen bettelnde junge Musikantin
Leitfrage		L: Auf welche Fabeln könnte dieses Bild am besten passen?
Aussprache mit Ergebnis		Babrios/La Fontaine
Leitfrage		L: Welche Aussagen stecken in den vier Fabeln? Wie ändert sich das übliche Fabelmuster bei Born und bei Arntzen?
Aussprache		Bei Born hat der Stellenwert der Grille deutlich gewonnen, bei Arntzen ist keine Beziehung zwischen den beiden Antagonisten mehr möglich.

V. Sicherung

Zusammenfassung	Arbeitsblatt (S. 25)	Ameise und Grille
Kontrolle (Lösungsblatt)	Folie 1 (S. 26)	
Exkurs	Folie 2 (S. 22)	Autorenporträts

Ameise und Grille
(Babrios/Jean de La Fontaine/Georg Born/Helmut Arntzen)

Die Grille und die Ameise
(Jean de La Fontaine)

Die Grille trällerte und sang
Den ganzen lieben Sommer lang
Und fand sich plötzlich sehr beklommen,
als der Nordwind war gekommen:
5 im Haus war nicht ein Bröselein,
Regenwurm und Fliegenbein.
Hunger schreiend lief sie hin
zur Ameis', ihrer Nachbarin,
mit der Bitte, ihr zu geben
10 etwas Korn zum Weiterleben
nur bis nächstes Jahr:
„Ich werde Euch zahlen", sprach sie gar,
„noch vor Verfall, mein Grillenwort,
Hauptstock, Zinsen und so fort."
15 Die Ameis' aber leiht nicht gern;
sie krankt ein wenig an Knausrigkeit:
„Was triebt Ihr denn zur Sommerzeit?",
fragt sie die Borgerin von fern.
„Da war ich Tag und Nacht besetzt,
20 ich sang und hatte viel Applaus."
„Gesungen habt Ihr? Ei, der Daus,
wohlan, so tanzet jetzt!"

Ameise und Grille
(Babrios)

Aus dem Versteck im Winter schlepp'
die Ameise zum Trocknen Korn, das sie
im Sommer einbrachte.
Da bat die Grille, – denn sie hatte Heiß-
5 hunger: „Gib mir davon, sonst muss ich
kläglich umkommen."
„Was tat'st du denn im Sommer?", frug
die Ameise.
„Da war ich sehr beschäftigt, sang und
10 sang immer."
Und jene lachte, ihren Vorrat wegschlie-
ßend: „Sangst du im Sommer, tanze nun
im Frostwetter!"

Holzschnitt von Virgil Solis (um 1550)

Sie tanzte nur einen Winter
(Georg Born)

Es war Sommer. Auf einer Wiese, wo sich die Blumen im weichen Winde wiegten, saß
eine Grille. Sie sang. Am nahen Waldrand eilte geschäftig eine Ameise hin und her. Sie
trug Nahrung für den Winter zusammen. So reihte sich Tag an Tag. Der Winter kam. Die
Ameise zog sich in ihre Wohnung zurück und lebte von dem, was sie sich gesammelt
5 hatte. Die sorglose Grille aber hatte nichts zu nagen und zu beißen. In ihrer Not entsann
sie sich der fleißigen Ameise. Sie ging zu ihr, klopfte an und bat bescheiden um ein bisschen Nahrung. „Was hast du im Sommer getan?", fragte die Ameise hintergründig, denn
sie liebte die Tüchtigkeit über alles. „Ich habe gesungen", antwortete die Grille wahrheits-
getreu. „Nun gut, dann tanze!", antwortete die Ameise boshaft und verschloss die Tür.
10 Die Grille begann zu tanzen. Da sie es gut machte, wurde sie beim Ballett engagiert. Sie
tanzte nur einen Winter und konnte sich dann ein Haus im Süden kaufen, wo sie das ganze Jahr singen konnte.

Moral: Ein guter Rat ist oft mehr wert als eine Scheibe Brot.

Aus: Kurzer Prozess
(Helmut Arntzen)

„Was Singen und Arbeiten betrifft, so habe ich schon deiner Mutter gute Ratschläge gegeben", sagte die Ameise zur Grille im Oktober. „Ich weiß", zirpte die, „aber Ratschläge für
Ameisen."

Babrios

Er war griechischer Fabeldichter römischer Herkunft, der im späten 1. Jahrhundert oder im 2. Jahrhundert n. Chr. im Osten des Römischen Reiches, wohl in Syrien, lebte. Er schrieb äsopische und libysche Fabeln um und dichtete eigene Fabeln, die er in zwei Büchern, den „Mythjamben", veröffentlichte. 144 sind uns vollständig erhalten. Er bezog sich zwar wie seine Vorgänger Phädrus und Äsop weiterhin auf das Leben sozial niederer Schichten, der pädagogische Gehalt der Fabel ging aber unter der Bevorzugung der poetischen Ausschmückung zurück, sodass seine Fabeln zu unterhaltsamen Episoden wurden, denen das Promythion und auch das Epimythion bisweilen sogar völlig fehlen. 123 seiner Fabeln sind in einer Handschrift, dem Codex Athous, erhalten, die 1842 im Kloster auf dem Berg Athos gefunden wurde. Weiterhin finden sich einige seiner Fabeln in der Collectio Augustana.

Jean de La Fontaine

Er wurde am 8. Juli 1621 in Château-Thierry als Sohn eines Königlichen Rats und Jagd- und Fischereiaufsehers geboren. 1636 ging er nach Paris, um seine Schulzeit abzuschließen. 1641 begann er ein Theologiestudium, ab 1645 studierte er Jura in Paris. 1647 heiratete er in Château-Thierry ein 14-jähriges Mädchen, mit dem er aber praktisch nie zusammenlebte. Aus der Ehe ging 1653 ein Sohn hervor. La Fontaine hielt sich meist in Paris auf, wo er in Literatenkreisen verkehrte. Sein eigenes Schaffen in diesen Jahren schien jedoch eher mager. Erst 1658 konnte er ein fertiges Werk, das Kleinepos *Adonis* vorlegen, das er dem reichen und mächtigen Finanzminister Nicolas Fouquet widmete. In den nächsten Jahren schrieb er Gelegenheitsgedichte im Auftrag von Fouquet. 1662 wurde La Fontaine in den Strudel hineingezogen, der um Fouquet entstand, als dieser plötzlich beim König in Ungnade fiel und inhaftiert wurde. Vorsichtshalber verließ er Paris und verweilte für ein paar Monate in Limoges. Hier vollendete er 1664 die *Nouvelles tirées de Boccace et d'Arioste*, galante und etwas gewagte Vers-Erzählungen, die er 1665 und 1666 mehrfach erweiterte und als *Contes et nouvelles en vers* neu auflegte. La Fontaine fand Anschluss an Marguerite de Lorraine, die Witwe des Bruders von Ludwig XIII., die ihn zu einem ihrer Hausgäste ernannte und bis zu ihrem Tod 1672 in ihrem Palais beherbergte. In dieser durch den Wirtschaftsaufschwung unter Minister Colbert und die Offenheit des jungen Louis XIV. geprägten Zeit arbeitete La Fontaine an seinem Hauptwerk, den Fabeln. 1668 erschienen die *Fables choisies, mises en vers*, in denen sich die meisten der heute aus Anthologien bekannten heiter-ironischen Stücke befinden. Als 1677 und 1679 jeweils ein weiterer Band erschien, war die Sicht des Autors von der Welt, insbesondere des Verhältnisses von oben und unten, erheblich skeptischer. 1692 wurde eine durchgesehene Gesamtausgabe veröffentlicht. Seit 1672 war La Fontaine Dauergast im Haus der Bankierswitwe Madame de La Sablière, die einen der führenden schöngeistigen Salons von Paris unterhielt. 1674 schrieb La Fontaine das Libretto zu Lullis Oper *Daphné*. 1675 bekam er Schwierigkeiten mit der sich verschärfenden Zensur, denn eine gerade erschienene, die gewagten Stücke bevorzugende Auswahl der *Contes et nouvelles* wurde verboten. 1683 wurde La Fontaine in die Académie gewählt, allerdings bestätigte Ludwig XIV., der inzwischen unter dem Einfluss der Maitresse Madame de Maintenon stand, die Wahl erst nach längerem Zögern. 1691 versuchte er sich nochmals als Librettist für das Singspiel *Astrée*, das aber ein Misserfolg wurde. Ende 1692 erkrankte er und zog in das Haus seines letzten Gönners, des Bankiers d'Hervarth. Hier starb Jean de La Fontaine am 13. April 1695.

Georg Otto Wilhelm Born

Er wurde am 14. März 1928 in Hamburg geboren. Nach dem Abitur studierte er Theologie. Seine Ordination erfolgte 1956 in Kiefersfelden. Ab 1958 bis 1967 war er Pastor in Hofstetten, von 1967 bis zu seiner Emeritierung 1976 Pastor des deutschen Teils der Gemeinde der Dänischen Volkskirche in Hadersleben.

Helmut Arntzen

Er wurde am 10. Januar 1931 in Duisburg geboren und ist ein deutscher Literaturwissenschaftler und Fabelautor. Er studierte Germanistik, Geschichte, Philosophie und Kunstgeschichte an den Universitäten Heidelberg, Freiburg und Köln. 1957 promovierte er an der Universität zu Köln und ein Jahr später legte er das Examen als Diplom-Bibliothekar in Köln ab. Als wissenschaftlicher Assistent und Lehrbeauftragter arbeitete er 1959 an der Freien Universität Berlin. 1967 erfolgte die Habilitation. Anschließend wurde Arntzen Privatdozent an der FU Berlin, dann Lehrstuhlvertreter an der Westfälischen Wilhelms-Universität Münster. Von 1968 bis zu seiner Emeritierung 1996 war Arntzen dort ordentlicher Professor für neue deutsche Literatur und Direktor des Germanistischen Instituts. Arntzen hatte zahlreiche Gastprofessuren inne. Er unternahm Vortragsreisen durch Portugal, Österreich, USA und Italien. Neben Ämtern in der akademischen Selbstverwaltung (Dekan, Senat, Konvent) war Arntzen auch Mitglied der Studienreformkommission für Sprach- und Literaturwissenschaften des Landes Nordrhein-Westfalen. Er erhielt die Musil-Medaille der Stadt Klagenfurt, wurde zum Mitglied des P.E.N. gewählt, erhielt das Forschungsstipendium der VW-Stiftung, war Wissenschaftlicher Leiter von Ferienkursen an der Universität Münster und ist Wissenschaftlicher Beirat der Germanistischen Studien Kairo.

Die Grille und die Ameise. Illustration: Gustave Doré

Hubert Alkus: Fabeln, Parabeln und Schwänke • Best.-Nr. 755 • © Brigg Pädagogik Verlag GmbH, Augsburg

Lit | Name: _____ | Datum: _____

Ameise und Grille
(Babrios/Jean de La Fontaine/Georg Born/Helmut Arntzen)

❶ Wie beschreiben Babrios und La Fontaine Ameise und Grille?

Grille
_____
_____
_____
_____

W_____

Sommer ────────→ Winter
Jahreszeitlicher Wechsel

Ameise
_____
_____
_____
_____

Ameise
_____
_____
_____

Grille
_____
_____
_____

❷ Babrios und La Fontaine legen sich auf keine Lehre fest. Wie könnte sie lauten?

_____
_____
_____
_____
_____

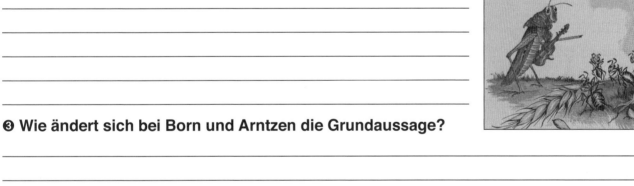

❸ Wie ändert sich bei Born und Arntzen die Grundaussage?

_____
_____
_____
_____
_____

❹ Zu welchen Fabeln passt das Bild unten am besten? Beschreibe das Bild.

_____
_____
_____
_____
_____
_____
_____

Hubert Albus: Fabeln, Parabein und Schwänke · Best.-Nr. 755 · © Brigg Pädagogik Verlag GmbH, Augsburg

Lit | Lösung

Ameise und Grille
(Babrios/Jean de La Fontaine/Georg Born/Helmut Arntzen)

❶ Wie beschreiben Babrios und La Fontaine Ameise und Grille?

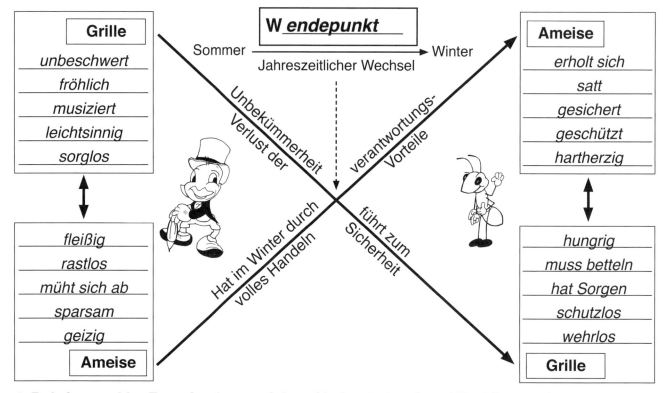

Grille
unbeschwert
fröhlich
musiziert
leichtsinnig
sorglos

Ameise
erholt sich
satt
gesichert
geschützt
hartherzig

W _endepunkt_

Sommer ⟶ Winter
Jahreszeitlicher Wechsel

Unbekümmerheit
Verlust der

verantwortungs-
Vorteile

Hat im Winter durch
volles Handeln

führt zum
Sicherheit

fleißig
rastlos
müht sich ab
sparsam
geizig
Ameise

hungrig
muss betteln
hat Sorgen
schutzlos
wehrlos
Grille

❷ Babrios und La Fontaine legen sich auf keine Lehre fest. Wie könnte sie lauten?

In beiden Fabeln steckt als Moral eine Warnung. Es wäre sinnvoll, sich auf schlechtere Zeiten vorzubereiten und vorzusorgen. Die Lehre könnte lauten: „Spare in der Zeit, dann hast du in der Not!" Während Babrios den Sachverhalt unparteiisch sieht, fühlt La Fontaine mit dem harten Los der Grille im Winter mit, ihr gehört seine Sympathie.

❸ Wie ändert sich bei Born und Arntzen die Grundaussage?

Bei Born setzt die Grille den sarkastisch gemeinten Rat der Ameise („Nun gut, dann tanze!") in die Tat um und verdient mit ihrem künstlerischen Talent (das Tanzen) erheblich mehr Geld als die hart arbeitende Ameise. Die soziale Stellung des Künstlers hat sich deutlich gewandelt. Arntzen entlarvt die fragwürdige Moral der Fabel und zeigt die Unvergleichbarkeit von unterschiedlichen Lebensformen auf. Der noch so gut gemeinte Rat einer Ameise lässt sich nicht auf das Leben einer Grille übertragen.

❹ Zu welchen Fabeln passt das Bild unten am besten? Beschreibe das Bild.

Das Bild passt zu den Fabeln von Babrios und La Fontaine. Eine fahrende Musikantin („Grille"), die um ein Almosen bittet, wird von der hartherzigen, geizigen Herrin des Hauses („Ameise") trotz der kalten Jahreszeit abgewiesen. Die junge Frau mit der Gitarre muss hungernd weiterziehen.

Hubert Alhus: Fabeln, Parabeln und Schwänke • Best.-Nr. 755 • © Brigg Pädagogik Verlag GmbH, Augsburg

Die Teilung der Beute
(Aesop/ Martin Luther/ James G. Thurber/ Helmut Arntzen)

Lerninhalte:
- Kennenlernen von vier Fabeln unterschiedlicher Autoren mit ähnlicher Thematik
- Herausfinden der Eigenschaften der handelnden Tiere
- Erkennen, dass sich die Eigenschaften in den einzelnen Fabeln ändern
- Vergleichen der Pointen der vier Fabeln
- Wissen um die jeweilige Verfasserintention
- Kennenlernen von Kurzbiografien zu den Autoren

Arbeitsmittel / Medien:
- Arbeitsblatt
- Textblatt
- Folie 1: Löwe, Esel und Fuchs
- Folie 2: Autorenporträts
- Folie 3: Staatsformen
- Folie 4: Lösungsblatt zum Arbeitsblatt

Folie 1

Folie 3

Despotie	Diktatur	Monarchie	Demokratie
Willkür-/Gewalt-herrschaft	auf unbeschränkte Herrschaft ausgelegte Stellung einer Person/ Gruppe	Staatsform mit einem durch Herkunft legiti-mierten Herrscher	„Volks-herrschaft"

Verlaufsskizze

I. Hinführung

Stummer Impuls	Folie 1 (S. 27)	Löwe/Esel/Fuchs
Aussprache		
Impuls		L: Es geht um die Teilung einer Beute.
Vermutungen		
Zielangabe	Tafel	Die Teilung der Beute
		(Aesop/M. Luther/J. G. Thurber/H. Arntzen)
Kurze Lehrererzählung	Folie 2 (S. 30)	Autorenporträts

II. Textdarbietung

	Textblatt (S. 29)	Die Teilung der Beute
Schüler lesen vor		
Spontanäußerungen		

III. Arbeit am Text

Arbeitsaufgaben
Gruppenarbeit

① Vergleiche die vier Fabeln. Charakterisiere die handelnden Personen. Erstelle eine Tabelle.
② In jeder Fabel steckt eine Pointe. Welche?
③ Schreibe kurz die Lehre zu jeder Fabel auf.

Zusammenfassung

Die Position des Löwen als König der Tiere wird in den modernen Fabeln von Thurber und Arntzen nahezu demontiert. Hier repräsentieren Tiere verschiedene Staatsformen.

Stummer Impuls — Folie 3 (S. 27) — Despotie – Diktatur – Monarchie – Demokratie
Aussprache
Leitfragen

① Welche Stellung hat der Löwe in den Fabeln, welche Position nehmen die anderen Tiere ein?
② Ordne die Fabeln den Staatsformen zu.
③ Was ist ein „Löwenanteil"? Wer bekommt ihn?
④ Was ist ein konstitutioneller Monarch, was eine parlamentarische Demokratie?

Aussprache
Zusammenfassung

zu ① 1./2. Fabel: Löwe = Despot; Tiere = Untertanen
3./4. Fabel: Löwe = Monarch ohne Rechte
zu ② 1./2. Fabel: Despotie, Diktatur
3./4. Fabel: Monarch ohne Rechte
zu ③ Löwenanteil = der mit Abstand größte Anteil
zu ④ Konstitutionelle Monarchie = Sonderform der Monarchie, in der die Macht des Königs durch eine geschriebene Verfassung (Konstitution) stark eingeschränkt wird.
Parlamentarische Demokratie = Alle wichtigen politischen Entscheidungen werden von einem durch das Volk gewählten Parlament getroffen.

IV. Wertung

Leitfrage	L: Warum lässt sich Luthers Fabel so schwer lesen?
Aussprache	
Leitfrage	L: Warum hat der Löwe in modernen Fabeln nicht mehr die unumschränkte Herrscherposition inne?
Aussprache	Transfer auf aktuelles politisches Geschehen

V. Sicherung

Zusammenfassung		
als Hausaufgabe	Arbeitsblatt (S.31)	Die Teilung der Beute
Kontrolle (Lösungsblatt)	Folie 4 (S. 32)	

Hubert Albus: Fabeln, Parabeln und Schwänke · Best.-Nr. 755 · © Brigg Pädagogik Verlag GmbH, Augsburg

Die Teilung der Beute
(Aesop/Martin Luther/James G. Thurber/Helmut Arntzen)

Die Teilung der Beute
(Aesop)

Löwe, Esel und Fuchs schlossen einen Bund und gingen zusammen auf die Jagd. Als sie nun reichlich Beute gemacht hatten, befahl der Löwe dem Esel, diese unter ihnen zu verteilen. Der machte drei gleiche Teile und forderte den Löwen auf, sich selbst einen davon zu wählen. Da aber wurde der Löwe wild, zerriss den Esel und befahl nun dem Fuchs, zu teilen. Der nun schob fast
5 die ganze Beute auf einen großen Haufen zusammen und ließ für sich selbst nur ein paar kleine Stücke über.
Da schmunzelte der Löwe: „Ei, mein Bester, wer hat dich so richtig teilen gelehrt?"
Der Fuchs antwortete: „Das Los des Esels!"

Von dem Löwen, Fuchs und Esel (Die Teilung der Beute)
(Martin Luther)

Ein Löwe, Fuchs und Esel jagten miteinander und fingen einen Hirsch. Da hieß der Löwe den Esel das Wildbret teilen. Der Esel macht drei Teile. Darüber ward der Löwe zornig und riss dem Esel die Haut über den Kopf, dass er blutigrünstig dastand, und hieß danach den Fuchs das Wildbret teilen. Der Fuchs stieß die drei Teil zusammen und gab sie dem Löwen. Da sprach der Löwe: „Wer
5 hat dich so gelehret zu teilen?" Der Fuchs zeigte auf den Esel und sprach: „Der Doktor da im roten Barett."
Diese Fabel lehret zwei Stücke; zuerst: Herren wollen Vorteil haben, und dann: Man soll mit Herren nicht Kirschen essen, sie werfen einen mit den Stielen.

Der Löwe und die Füchse
(James G. Thurber)

Gerade hatte der Löwe dem Schaf, der Ziege und der Kuh auseinandergesetzt, dass der von ihnen erlegte Hirsch einzig und allein ihm gehöre, als drei Füchse erschienen und vor ihn hintraten.
„Ich nehme ein Drittel des Hirsches als Strafgebühr", sagte der erste Fuchs. „Du hast nämlich keinen Jagdschein."
5 „Und ich", sagte der zweite, „nehme ein Drittel des Hirsches für deine Witwe, denn so steht es im Gesetz."
„Ich habe gar keine Witwe", knurrte der Löwe.
„Lassen wir doch die Haarspaltereien", sagte der dritte Fuchs und nahm sich ebenfalls seinen Anteil. „Als Einkommensteuer", erklärte er. „Das schützt mich ein Jahr lang vor Hunger und Not."
10 „Aber ich bin der König der Tiere", brüllte der Löwe.
„Na, dann hast du ja eine Krone und brauchst das Geweih nicht", bekam er zur Antwort, und die drei Füchse nahmen auch noch das Hirschgeweih mit.

Moral: Heutzutage ist es nicht mehr so leicht wie in früheren Zeiten, sich den Löwenanteil zu sichern.

Aus: Kurzer Prozess
(Helmut Arntzen)

Der Löwe trat morgens vor seine Höhle und brüllte.
„Nicht so laut, Sire", rief ein Affe.
„Sie sollten früher aufstehen", bemerkte ein Esel, der in der Nähe war. „Und nicht so drastisch riechen."
5 „Wie", brüllte der Löwe, „bin ich nicht mehr König der Tiere?"
„Schon", sagte der Affe, „aber als konstitutioneller Monarch einer parlamentarischen Demokratie."

Hubert Aibus: Fabeln, Parabeln und Schwänke • Best.-Nr. 755 • © Brigg Pädagogik Verlag GmbH, Augsburg

Aesop

Über den griechischen Fabeldichter Aesop (auch Äsop, Aisop, Aisopos, Aisopus oder Aesopus genannt) ist nur bekannt, was in Legenden und Sagen überliefert wurde. Aesop lebte wohl um 600 v. Chr. Der aus Phrygien stammende Mann war Sklave und gilt als Begründer der Fabeldichtung. Die gesamte europäische Fabeldichtung geht auf ihn zurück. Mit klugem Humor und Leichtigkeit soll Aesop dem Volk in kleinen Erzählungen und Gleichnissen seine klugen Gedanken vermittelt haben. Es heißt, dass der Sklave Aesop mehreren Herren gedient hat, bevor ihm ladmon aus Samos schließlich die Freiheit schenkte. Auch König Kroisos war sehr von Aesops weisen Geschichten angetan. Er sandte ihn auf Reisen. Der griechische Dichter Aristophanes berichtet, dass Aesop in Delphi wegen Gotteslästerung von den dortigen Priestern von einem Felsen ins Meer gestoßen worden sein soll.

www.aesopos.de © art directory literatur

Martin Luther

Er wurde am 10. November 1483 in Eisleben als Sohn eines Bergmanns geboren. Luther besuchte seit 1501 die Universität in Erfurt, an der er 1505 seinen Magistergrad erlangte und sein Jurastudium aufnahm. Ein Blitz, der während eines Gewitters unmittelbar neben ihm einschlug, veranlasste ihn, dem Erfurter Augustiner-Eremitenkloster beizutreten. Nach seinem Beitritt in das Kloster empfing Luther 1507 die Priesterweihe und begann Theologie zu studieren. 1512 wurde er zum Professor an der theologischen Fakultät in Wittenberg ernannt. Der Dominikaner Johann Tetzel verkündete marktschreierisch den Ablasshandel zugunsten des Neubaus der Peterskirche in Rom. Am 31. Oktober 1517 veröffentlichte Luther seine 95 Thesen über den Ablasshandel in Wittenberg, die unerwartete Verbreitung fanden. Schon 1518 reichten der Erzbischof von Mainz und die Dominikaner Klage gegen ihn in Rom ein. Luther blieb seiner Meinung treu und lehnte bei einem Verhör im Oktober 1518 einen Widerruf ab. Anstatt sich zu unterwerfen, antwortete Luther mit drei großen Reformationsschriften, mit deren Hilfe er einen Großteil der Bevölkerung für sich gewinnen konnte. Die päpstliche Bulle seiner Verurteilung übergab er am 1520 feierlich dem Feuer. Kurz darauf wurde er von Papst Leo X. aus der katholischen Kirchengemeinschaft ausgeschlossen. Auf dem Reichstag in Worms 1521 lehnte Luther die Widerrufung ab, woraufhin Kaiser Karl V. die Reichsacht über ihn verhängte. Kurfürst Friedrich der Weise von Sachsen ließ Luther nach einem Überfall zum Schein gefangen nehmen und als „Junker Jörg" auf die Wartburg bringen. Dort entstand Luthers Übersetzung des Neuen Testaments, die 1522 zum ersten Mal als Druck veröffentlicht wurde. 1534 wurde sie durch die Übersetzung des Alten Testaments ergänzt. 1522 kehrte Luther nach Wittenberg zurück. Dort grenzte er sich aber in den folgenden Jahren von den radikalen Reformversuchen des entstandenen Protestantismus ab. 1525 heiratete Luther die ehemalige Nonne Katharina Bora. Zur Belehrung des Volkes verfasste er 1529 den „Kleinen Katechismus" und zahlreiche weitere Schriften, darunter auch viele Fabeln. Trotz eines schon länger währenden Herzleidens reiste Luther im Januar 1546 über Halle nach Eisleben, um einen Streit des Grafen von Mansfeld zu schlichten. Er starb am Zielort am 18. Februar 1546. Das Haus am Andreaskirchplatz 7 wird als sein Sterbehaus bezeichnet. Sein Leichnam wurde nach Wittenberg überführt und am 22. Februar in der Schlosskirche beigesetzt. Vormund seiner Kinder wurde sein treuer Anhänger und Freund, der Arzt Matthäus Ratzenberger.

Marco Alberti © Gymnasium Frankenberg 2011

James Grover Thurber

Er wurde am 8. Dezember 1894 in Columbus im amerikanischen Bundesstaat Ohio geboren. Nach der Schulausbildung studierte er an der Ohio State University, danach war er im Außenministerium als Chiffrierbeamter tätig. Später arbeitete er als Journalist in Columbus, Paris und New York. Ab dem Jahr 1926 war er als Reporter für die *Evening Post* tätig. 1927 avancierte er zum Chefredakteur und Verlagsleiter der bekannten Kulturzeitschrift *The New Yorker*. 1933 wurde das Arbeitsverhältnis aufgelöst, doch er war weiterhin für das Magazin als freier Mitarbeiter tätig und lieferte Beiträge ab. Thurber schrieb Satiren, Fabeln und Geschichten, die er selbst illustrierte. Die Inhalte sind als kritische Bemerkungen zur zeitgenössischen amerikanischen Gesellschaft zu verstehen. Dabei handelte es sich um Themen wie Sex, Psychologie, Angst und Krieg, die er oft am großstädtischen Leben sinnfällig machte. Thurber stellte oftmals fantastische Menschen und Tiere in absurden Situationen dar, denen das Schicksal übel mitspielte. Mit seinen Erzählungen und Karikaturen im ironischen, liebenswürdigen Ton wurde Thurber zu einem der populärsten amerikanischen Satiriker und Zeichner des 20. Jahrhunderts. Eine Augenkrankheit im letzten Jahrzehnt seines Lebens, die nahezu zur Erblindung führte, war der Grund, dass er seine Arbeit als Karikaturist aufgeben musste. James Grover Thurber starb am 2. November 1961 in New York. Seit 1966 wird zu seinem Gedenken der *Thurber Prize for American Humor* verliehen.

© 1999–2011 by www.whoswho.de

Georg Arntzen

(s. S. 22)

Hubert Albus: Fabeln, Parabeln und Schwänke · Best.-Nr. 755 · © Brigg Pädagogik Verlag GmbH, Augsburg

Lit | Name: _____ | Datum: _____

Die Teilung der Beute
(Aesop/Martin Luther/James Thurber/Helmut Arntzen)

❶ **Wie werden die Tiere in den einzelnen Fabeln dargestellt?**

① **Löwe:**

_____

_____

_____

_____

_____

② **Esel:**

_____

_____

_____

③ **Fuchs bzw. Füchse:**

_____

_____

_____

❷ **Welche Aussage wollen Aesop und Luther mit ihrer Fabel treffen?**

Löwe		Esel und Fuchs
① Stellung im Staat:		① Stellung im Staat:
② Herrschaftsform:		② Herrschaftsform:
③ Folgen:		③ Folgen:

❸ **Warum wählen Aesop und Luther die Fabel als Mitteilungsform?**

_____

_____

_____

❹ **Wie ändert sich die Stellung des Löwen bei Thurber und Arntzen?**

_____

_____

_____

_____

_____

Lit | Lösung

Die Teilung der Beute
(Aesop/Martin Luther/James Thurber/Helmut Arntzen)

❶ **Wie werden die Tiere in den einzelnen Fabeln dargestellt?**

① **Löwe:**

Bei Aesop und Luther ist der Löwe stark, mächtig, herrschsüchtig, gewalttätig und egoistisch. Bei Thurber ist der Löwe hilflos, seine Argumente werden nicht mehr ernst genommen. Arntzen degradiert den Löwen fast schon zu einer Spottfigur, die bedeutungslos geworden ist.

② **Esel:**

Bei Aesop und Luther ist der Esel ehrlich, weil er redlich teilen will, zugleich aber auch dumm und weltfremd, denn er erkennt das Aggressionspotenzial des Löwen nicht.

③ **Fuchs bzw. Füchse:**

Bei Aesop und Luther lernt der Fuchs schnell, was für seine Schlauheit und Vorsicht spricht. Er verspottet auch noch die „Blauäugigkeit" des Esels. In Thurbers Fabel repräsentieren die Füchse die demokratische Staatsgewalt. Ironisch ergötzen sie sich an der Hilflosigkeit des Löwen.

❷ **Welche Aussage wollen Aesop und Luther mit ihrer Fabel treffen?**

Löwe

① Stellung im Staat:
  Herrscher, Monarch

② Herrschaftsform:
  Despotie/Diktatur/Monarchie

③ Folgen:
  Recht beim Herrscher
  Gewalt geht vor Recht

Esel und Fuchs

① Stellung im Staat:
  Volk, Untertanen

② Herrschaftsform:
  Demokratie (Volksherrschaft)

③ Folgen:
  Recht geht vom Volk aus
  Recht beim Volk (Justiz)

❸ **Warum wählen Aesop und Luther die Fabel als Mitteilungsform?**

Beide Autoren kämpfen gegen eine übermächtige Obrigkeit, Aesop als Sklave gegen die Aristokratie, Luther als Mönch und Reformator gegen Kaiser und Papst. Die Fabel erlaubt Kritik, ohne direkt Menschen anzuprangern, und ist deshalb weniger gefährlich.

❹ **Wie ändert sich die Stellung des Löwen bei Thurber und Arntzen?**

In Thurbers Fabel ist selbst der König (Löwe) dem Fiskus (Füchse) in Form von Abgaben und Steuern hilflos ausgeliefert. Bei Arntzen ist der Löwe nicht mehr der uneingeschränkte Herrscher, denn die Zeiten haben sich geändert. Als konstitutioneller Monarch einer parlamentarischen Demokratie ist er der Verfassung unterworfen und hat keine gesetzgebende (legislative), richterliche (judikative) und ausübende (exekutive) Gewalt mehr. Er ist zwar König, darf aber nur noch repräsentative Aufgaben wahrnehmen.

Hubert Albus: Fabeln, Parabeln und Schwänke · Best.-Nr. 755 · © Brigg Pädagogik Verlag GmbH, Augsburg

Der Rabe und der Fuchs
(Phaedrus/Jean de La Fontaine/Gotthold Ephraim Lessing/Franz Grillparzer)

Lerninhalte:

- Kennenlernen von vier Fabeln unterschiedlicher Autoren mit ähnlicher Thematik
- Herausfinden der Eigenschaften der handelnden Tiere
- Herausfinden und Gegenüberstellen der Lehre der vier Fabeln
- Wissen um die jeweilige Verfasserintention
- Erfassen der historischen Dimension der Fabel von Franz Grillparzer
- Kennenlernen der Autorenporträts
- Kennenlernen der Version von Otto Waalkes

Arbeitsmittel / Medien:

- Arbeitsblatt
- Textblatt
- Bild 1 für die Tafel: Rabe
- Bild 2 für die Tafel: Fuchs
- Folie 1: Das Märchen vom Fuchs und dem Raben
- Folie 2: Lösungsblatt zum Arbeitsblatt
- Folie 3: Autorenporträts (Phaedrus/Gotthold Ephraim Lessing/Franz Grillparzer)
- Wortkarte: Pointe

Folie 1

Das Märchen vom Fuchs und dem Raben
(Otto Waalkes)

Ein Rabe saß auf einem Baum und wollte sich gerade daran machen, ein schönes großes Stück Käse zu verzehren, das er kurz zuvor gestohlen hatte. Aber vom Duft des Käses angelockt, kam der Fuchs hinzu, stellte sich unter den Baum und überlegte, wie er dem Raben den Käse wegnehmen könne. Schließlich fiel ihm eine List ein und er rief: „Ach, Herr Rabe, entschuldigt die Störung, aber könntet Ihr mir nicht ein wenig von Eurem Käse abgeben?"

Der Rabe, der nicht einsehen konnte, was daran wohl listig sei, schüttelte den Kopf und behielt den Käse fest im Schnabel. Da verfiel der Fuchs auf eine noch größere List: „Herr Rabe, ich habe gehört, dass Ihr so ein begnadeter Sänger sein sollt. Um ehrlich zu sein, ich kann es nicht recht glauben. Wollt Ihr mir nicht eine Kostprobe Eurer herrlichen Stimme geben?"

Der Rabe aber wollte nicht und schüttelte den Kopf. Doch der Fuchs ließ nicht locker. „So ist es also wahr, dass Ihr nur ein schauriges Gekrächze von Euch geben könnt? Dann stimmt es also gar nicht, dass Ihr noch viel schöner singt als die Nachtigallen? Dann wundert es mich allerdings nicht, dass es kaum jemanden gibt, der Euch für einen bedeutenden Sänger hält."

Dieser Provokation konnte nun selbst der Rabe nicht widerstehen. Er öffnete den Schnabel, ließ den Käse fallen und begann zu singen. Diesen wunderbaren Gesang hörte ein Musikagent, der gerade des Weges kam. Er engagierte den Raben vom Fleck weg und heute ist dieser Rabe unter dem Namen Peter Alexander in der ganzen Welt berühmt und einer der bedeutendsten Raben überhaupt. Und die Moral von der Geschichte: Wenn man Gold in der Kehle hat, soll man den Schnabel aufmachen. Und wenn dabei der Käse herausfällt, dann macht das gar nichts, denn der Rabe lebt heute nur noch von den allerfeinsten Käsesorten, während der Fuchs als Aushilfssänger bei den Neckar-Kosaken durch die Lande tingeln muss.

Verlaufsskizze

I. Hinführung
Stummer Impuls   Bilder 1/2 (S. 36/37)   Rabe/Fuchs
Aussprache
Überleitung   L: Die vier Fabeln beschäftigen sich mit den
                                                 gleichen Motiven.
Zielangabe   Tafel   Der Rabe und der Fuchs (Phaedrus/Jean de La
                                                  Fontaine/Gotthold E. Lessing/Franz Grillparzer)

II. Textdarbietung
                  Textblatt (S. 35)   Der Rabe und der Fuchs

Erlesen
Spontanäußerungen

III. Arbeit am Text
Arbeitsaufgaben   ① Charakterisiere die beiden Antagonisten in den
Partnerarbeit   vier Fabeln. Gibt es Unterschiede?
                  Wortkarte Tafel   ② Wie enden die vier Fabeln? Pointe?
Zusammenfassung
Lehrerinformation   Grillparzers Fabel hat historische Bezüge.
                  Tafel   Käse = Heiratsprojekt (Herzog von Orleans)
                                                  Rabe = Fürst Metternich
                                                  Fuchs = Friedrich Wilhelm III. (Preuße)
                                                  Prinzipien = moralische Grundsätze
                                                  Legitimität = Anerkennungswürdigkeit

IV. Wertung
Leitfragen   ① Welche menschlichen Charaktere stehen für den
                                                Raben bzw. den Fuchs?
                                    ② Wie lautet jeweils die Lehre bei den Fabeln?
Aussprache
Leitfrage   L: Warum fallen so viele Menschen auf Schmeichler
                                                herein? Suche Gründe. Gib Beispiele.
Aussprache   Folie 1 (S. 33)   L: Der folgende Text stammt von Otto Waalkes.
                                                Das Märchen vom Fuchs und dem Raben
Erlesen mit Aussprache   Bitterböser Text
Leitfrage   L: Ist Waalkes Text eine Fabel? Ein Märchen?
Aussprache
Leitfragen   L: Fragen zur Fabel, die die Fabel in Frage stellen.

> Der Rabe verhöhnt den Fuchs, er spielt als Überlegener mit ihm von Beginn an. Der Rabe erleidet keinen großen Schaden, denn er kann sich bei passender Gelegenheit sofort wieder einen neuen Käse besorgen, der Fuchs allerdings ist auf den Raben als Lieferant angewiesen. Warum isst der Rabe den Käse nicht sofort, sondern setzt sich weithin sichtbar auf einen Baum? Vielleicht damit man ihn beneidet? Warum geht es überhaupt um einen Käse? Er ist keine natürliche Nahrung beider Tiere. Was würde sich ändern, wenn es um „irgendetwas Essbares" gehen würde? Welchen Vorteil hat der Rabe am Ende des Textes? Ist der Fuchs tatsächlich Sieger? Glaubt der Rabe tatsächlich, er habe eine schöne Stimme? Glaubt der Fuchs tatsächlich, der Rabe wisse nicht um die Qualität seiner Stimme und lasse sich täuschen? Wenn ja, dann ist der Fuchs der Dumme.

V. Sicherung
Zusammenfassung   Arbeitsblatt (S. 39)   Der Rabe und der Fuchs
Kontrolle (Lösungsblatt)   Folie 2 (S. 40)

VI. Ausweitung
                  Folie 3 (S. 38)   Autorenporträts
Erlesen mit Aussprache

Der Rabe und der Fuchs
(Phaedrus/J. de La Fontaine/Gotthold Ephraim Lessing/Franz Grillparzer)

Fuchs und Rabe
(Phaedrus)

Wer gern sich loben hört mit falschem Lob, der büßt es schimpflich mit zu später Reue. Ein Rabe, der am offnen Fenster Käse gestohlen hatte, saß auf hohem Baum und wollt' ihn fressen, als der Fuchs es sah und so begann: „Mein Lieber, wunderbar, wie dein Gefieder glänzt und herrlich schimmert! Und welcher Anstand in Gestalt und Miene! Es fehlt dir nur die Stimme, und du wärest
5 von allen Vögeln in der Welt der schönste!" Da drauf der Tor die Stimme zeigen wollte, fiel ihm der Käse aus dem Schnabel, den der Fuchs, der ränkevolle, gleich begierig aufgriff. Jetzt endlich merkte den Betrug der Rabe und stöhnte über seine Riesendummheit.

Der Rabe und der Fuchs
(Jean de La Fontaine)

Auf einem Baume Meister Rabe hockt,
im Schnabel hält er einen Happen Käse.
Vom Käseduft herbeigelockt,
spricht Meister Fuchs so fein als ob er läse:
5 „Ei, guten Morgen, Herr von Rabe,
was seid Ihr hübsch, welch stattliches Gehabe!
Nein, ohne Lüge, Eurer Stimme Pracht,
wär sie so schön wie Dero Federtracht,
des Waldvolks König wäret, ohne Zweifel, Ihr!"
10 Der Rabe schnappt fast über vor Begier;
gleich soll der Wohllaut seiner Stimme schallen:
er reißt den Schnabel auf und lässt den Käse fallen;
den schluckt der Fuchs; es schmunzelte der Heuchler
und sprach: „Mein Herr, ein jeder Schmeichler
15 lebt gut und gern von dem, der auf ihn hört:
die Lehre ist doch wohl ein Stückchen Käse wert!"
Der Rabe, wütend und verdrossen,
schwor ab, jedoch zu spät, für immer solchen Possen.

Der Rabe und der Fuchs
(Gotthold Ephraim Lessing)

Ein Rabe trug ein Stück vergiftetes Fleisch, das der erzürnte Gärtner für die Katzen seines Nachbars hingeworfen hatte, in seinen Klauen fort. Und eben wollte er es auf einer alten Eiche verzehren, als sich ein Fuchs herbeischlich und ihm zurief: „Sei mir gesegnet, Vogel des Jupiter!" – „Für wen siehst du mich an?", fragte der Rabe. – „Für wen ich dich ansehe?", erwiderte der Fuchs. „Bist
5 du nicht der rüstige Adler, der täglich von der Rechten des Zeus auf diese Erde herabkömmt, mich Armen zu speisen? Warum verstellst du dich? Sehe ich denn nicht in der siegreichen Klaue die verfehlte Gabe, die mir dein Gott durch dich zu schicken noch fortfährt?"
Der Rabe erstaunte, und freute sich innig, für einen Adler gehalten zu werden. „Ich muss", dachte er, „den Fuchs aus diesem Irrtume nicht bringen." – Großmütig dumm ließ er ihm also seinen Raub
10 herabfallen, und flog stolz davon.
Der Fuchs fing das Fleisch lachend auf, und fraß es mit boshafter Freude. Doch bald verkehrte sich die Freude in ein schmerzhaftes Gefühl; das Gift fing an zu wirken, und er verreckte.
Möchtet ihr euch nie etwas anderes als Gift erloben, verdammte Schmeichler!

Fabel
(Franz Grillparzer)

Der Rabe saß auf einem hohen Baum und hielt ein Heiratsprojekt im Schnabel. Der Fuchs, von dem fetten Geruche angelockt, schlich herbei, stellte sich unter den Baum, hob den Kopf und sprach: „Du schöner Vogel! Mit Unrecht nennt man dich schwarz, du hast vielmehr eine größere Ähnlichkeit mit dem Pfau als du selbst weißt. Wenn du nur auch Prinzipien hättest." Der Rabe
5 wollte „Legitimität" krächzen, öffnete den Schnabel und das Heiratsprojekt fiel herab. Der listige Preuße aber hob es auf und lief damit davon.

Der Fuchs und der Rabe. Illustration: Bohuslav Blažej

Der Fuchs und der Rabe. Illustration: Bohuslav Blažej

Phaedrus

Phaedrus, auch Phaidros, war ein Fabeldichter, der um 20 v. Chr. in Griechenland geboren wurde. Nach seinen eigenen Angaben (Prolog zu Buch III), die aber nicht zu wörtlich zu nehmen sind, wurde er auf dem Berg Pieros in Katerini (Griechenland) geboren, war also von Geburt Makedone. Phaedrus musste schon in frühen Jahren nach Italien gekommen sein, denn er gehörte zuerst als Sklave, dann als Freigelassener zur Dienerschaft von Kaiser Augustus. Der Fabeldichtung dürfte er sich erst als Freigelassener gewidmet haben. Seine Bücher verfasste er in einem Zeitraum von zwanzig Jahren. Angeblich hatte er sich den Zorn des Konsuls Lucius Aelius Seianus (20 v. Chr.–31 n. Chr.) wegen einiger angeblicher Anspielungen in seinen Fabeln zugezogen. Er soll vor Gericht gebracht und zu Schreibverbot oder Verbannung (Genaues ist nicht bekannt) verurteilt worden sein. Literarische Anerkennung blieb ihm versagt, die Dichtungen eines Sklaven hatten in den vornehmen Kreisen Roms kein Ansehen. Jedoch ist anzunehmen, dass seine Fabeln beim Volk mit Interesse gelesen wurden. Phaedrus starb um 51 n. Chr. in Rom.

Gotthold Ephraim Lessing

Er wurde am 22. Januar 1729 als Kind einer Pastorenfamilie in Kamenz geboren. Nach seinem Schulbesuch in Kamenz und Meißen studierte Lessing ab 1746 Theologie und Medizin in Leipzig, brach aber 1748

sein Studium ab, um nach Berlin zu gehen. Dort arbeitete er als Rezensent und Redakteur, widmete sich aber daneben schon intensiv dem Schreiben von Stücken.

Lessing nahm sein Studium wieder auf und erlangte 1752 die Magisterwürde. Zurück in Berlin, schloss er Freundschaft mit Moses Mendelssohn. 1755 kehrte Lessing nach Leipzig zurück, um schon ein Jahr später wieder nach Berlin zu gehen. Dort veröffentlichte er zusammen mit seinem Freund Mendelssohn und Friedrich Nikolai Briefe zur neuesten Literatur. Lessing, der sich mehr und mehr der Literatur widmete und nun in Berlin als freier Schriftsteller lebte, wurde 1767 Dramaturg und Berater am Hamburger Nationaltheater. Dort wurde sein Stück „Minna von Barnhelm" uraufgeführt. In Hamburg lernte er auch seine spätere Frau Eva König kennen. In der Zeit in Hamburg entstanden die „Hamburgischen Dramaturgien". Nachdem das Hamburger Nationaltheater aus finanziellen Gründen 1770 schließen musste, zog Lessing nach Wolffenbüttel und arbeitete in der Herzog August Bibliothek als Bibliothekar. 1772 schrieb er sein Stück „Emilia Galotti". 1776 heirateten Lessing und Eva König. Der Ehe aber war nur kurzes Glück gegönnt, denn 1777 starb ihr neugeborener Sohn, wenige Wochen später auch Eva Lessing am Kindbettfieber.

Trotz des sich verschlechternden Gesundheitszustandes vollendete er 1779 mit „Nathan der Weise" sein letztes Werk. Am 15. Februar 1781 starb Lessing an einem Hirnschlag in Braunschweig.

www.schimmer.de

Franz Grillparzer

Franz Grillparzer, am 15. Januar 1791 in Wien als Sohn eines Rechtsanwalts geboren. Er wuchs in ärmlichen Verhältnissen auf. Sein erstes Stück schrieb er als 18-Jähriger. 1813 schloss er sein Jurastudium ab und wurde Beamter. Das blieb er auch, obwohl nach dem Erfolg seines Stückes „Die Ahnfrau" (1818) Graf Stadion ihn zum Dichter des Burgtheaters ernannt hatte. Mit den nächsten Stücken konnte er diesen Erfolg jedoch nicht mehr wiederholen. 1821 lernte er Katharina Fröhlich kennen, mit der er sich verlobte, die er aber nie heiratete. Trotzdem blieb sie ihm treu verbunden. Da Grillparzer sehr zu Depressionen und Selbstzweifeln neigte, zog er sich endgültig aus dem Theaterleben zurück, nachdem seine einzige Komödie „Weh dem, der lügt" 1838 durchgefallen war. Seit 1832 Finanzdirektor, brachte er es bis zum Hofrat. Erst als der Direktor des Burgtheaters, Heinrich Laube, nach 1850 seine Stücke wiederentdeckte und aufführte, wurde der in Vergessenheit Geratene plötzlich gefeiert, in die Akademie und den Reichsrat aufgenommen und schließlich Ehrenbürger Wiens. Grillparzer starb am 21. Januar 1872 in Wien.

Weltchronik © 2000 ff by ICA-D

Jean de La Fontaine
(s. S. 22)

Lit | Name: _____ | Datum: _____

Der Rabe und der Fuchs
(Phaedrus/J. de La Fontaine/Gotthold Ephraim Lessing/Franz Grillparzer)

❶ **Wie beschreiben Phaedrus und La Fontaine Rabe und Fuchs?**

P_____

_____

_____

_____

_____

_____

_____

Lehre:

Phaedrus: _____

_____

La Fontaine: _____

_____

_____

_____

❷ **Welchen Schmeicheleien erliegt der Rabe? Wie sieht der Rabe in Wirklichkeit aus?**

_____

_____

_____

_____

❸ **Wie ändert Lessing seine Fabel? Warum tut er das?**

_____

_____

_____

❹ **Grillparzer nimmt der Fabel ihren Modellcharakter. Schlage nach und begründe.**

_____

_____

_____

_____

❺ **Rabe und Fuchs stehen stellvertretend für Menschen. Begründe.**

_____

_____

_____

Lit | Lösung

Der Rabe und der Fuchs
(Phaedrus/J. de La Fontaine/Gotthold Ephraim Lessing/Franz Grillparzer)

❶ **Wie beschreiben Phaedrus und La Fontaine Rabe und Fuchs?**

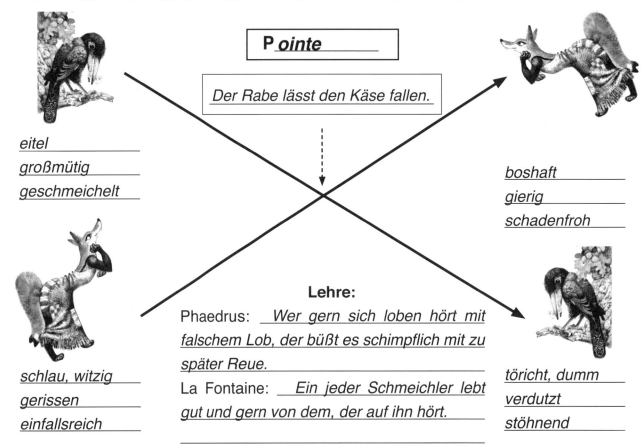

P _ointe_

Der Rabe lässt den Käse fallen.

eitel
großmütig
geschmeichelt

boshaft
gierig
schadenfroh

Lehre:

Phaedrus: *Wer gern sich loben hört mit falschem Lob, der büßt es schimpflich mit zu später Reue.*

La Fontaine: *Ein jeder Schmeichler lebt gut und gern von dem, der auf ihn hört.*

schlau, witzig
gerissen
einfallsreich

töricht, dumm
verdutzt
stöhnend

❷ **Welchen Schmeicheleien erliegt der Rabe? Wie sieht der Rabe in Wirklichkeit aus?**

Der Fuchs schmeichelt dem Raben mit der Anrede „Herr von Rabe" und dem persönlichen „Mein Lieber". Er sei hübsch, stattlich, habe eine prächtige Stimme sowie ein glänzendes und herrliches Gefieder. Er sei der wahre König des Waldes. In Wirklichkeit ist der Rabe mit seinem schwarzen Gefieder und seiner krächzenden Stimme kein schöner Vogel.

❸ **Wie ändert Lessing seine Fabel? Warum tut er das?**

Lessing lässt den Fuchs an dem vergifteten Käse „verrecken". Seine sehr scharf formulierte Lehre („Möchtet ihr euch nie etwas anderes als Gift erloben, verdammte Schmeichler!") deutet darauf hin, dass er Schmeichler, Schwindler und Betrüger überhaupt nicht leiden kann.

❹ **Grillparzer nimmt der Fabel ihren Modellcharakter. Schlage nach und begründe.**

Grillparzer nimmt ein politisches Zeitereignis als Grundlage für seine Fabel. Die Fabel bezieht sich auf die Abweisung des französischen Thronfolgers, des Herzogs von Orleans, der um die Hand der Tochter von Erzherzog Karl, Maria Therese, in Wien anhielt (1836). Fürst Metternich vereitelte den Plan. Durch Vermittlung von Friedrich Wilhelm III. heiratete der französische Thronfolger die Prinzessin Helene von Mecklenburg-Schwerin.

❺ **Rabe und Fuchs stehen stellvertretend für Menschen. Begründe.**

Der Rabe steht für den eitlen, selbstgefälligen, törichten Menschen, dem Schmeicheleien gefallen. Der Fuchs gehört zur unehrlichen, verachtungswürdigen Gruppe der Schmeichler, „Schleimer" und Schmarotzer, die nur auf ihren eigenen Vorteil bedacht sind.

Der Fuchs und die Trauben
(Aesop/Jean de La Fontaine/Hermann (Harry) Schmitz)

Lerninhalte:

- Kennenlernen von drei motivverwandten Fabeln
- Fähigkeit zur inhaltlichen Erfassung der Texte
- Herausfinden der Lehren der drei Fabeln
- Übertragen der Lehren der Fabeln auf unsere heutige Zeit
- Kennenlernen der Kurzbiografien

Arbeitsmittel / Medien:

- Arbeitsblatt
- Textblatt
- Bild für die Tafel: Der Fuchs und die Trauben
- Folie 1: Der Fuchs und die Trauben
- Folie 2: Hermann (Harry) Schmitz
- Folien: Aesop (s. S. 30), Jean de La Fontaine (s. S. 22)
- Folie 3: Lösungsblatt zum Arbeitsblatt

Folie 1   Folie 2

Der Fuchs und die Trauben. Illustration: Jean-Baptiste Oudry

Hermann (Harry) Schmitz

Er wurde am 12. Juli 1880 in Düsseldorf als Sohn eines Fabrikdirektors geboren und wuchs in Düsseldorf auf. Das Realgymnasium verließ er ohne Abschluss, da er an Tuberkulose erkrankte. Aufgrund seiner Krankheit ausgemustert, begann er auf Druck des Vaters eine kaufmännische Laufbahn.

Gleichzeitig veröffentlichte er seit 1906 Grotesken im *Simplizissimus*, seit 1907 im *Düsserdorfer General-Anzeiger* und schrieb skurrile Einakter oder trat als Conferencier bei Wohltätigkeitsveranstaltungen in Düsseldorf auf. Nach dem ersten Bucherfolg 1911 wurde er freier Schriftsteller. Als er nach zahlreichen Krankenhaus- und Kuraufenthalten keine Hoffnung auf Heilung sah, erschoss er sich am 8. August 1913 in Bad Münster am Stein.

Seit 1989 pflegt die Hermann-Harry-Schmitz-Societät in Düsseldorf sein Andenken und literarisches Erbe.

Verlaufsskizze

I. Hinführung

Stummer Impuls		L: zeigt Weintrauben
Aussprache		
Überleitung		L: Über diese Frucht haben verschiedene Autoren Fabeln verfasst.
Stummer Impuls	Folie 1 (S. 41)	Der Fuchs und die Trauben
Aussprache		
Zielangabe	Tafel	Der Fuchs und die Trauben (Aesop/Jean de La Fontaine/Hermann Schmitz)
Kurze Lehrerinfo	Folie 2 (S. 41)	Hermann (Harry) Schmitz

II. Textdarbietung

	Textblatt (S. 44)	Der Fuchs und die Trauben
Erlesen der Fabeln		
Spontanaussprache		

III. Arbeit am Text

Leitfragen		L: Schwierige Begriffe?
	Tafel	Gascogne/Normandie = Landschaften Frankreichs
		Lumpen = Gauner
		Satiriker = boshafter Spötter
		feixen = schadenfroh lachen
Leitfragen		① Wie unterscheiden sich die drei Fabeln?
		② Wie enden die drei Fabeln? Lehren?
Aussprache		

IV. Wertung

Impuls	Bild (S. 43)	L: Der Maler Gustave Doré hat sein Bild mit „Der Fuchs und die Trauben überschrieben".
Aussprache		
Impuls		L: Für die beiden Bürger unten „hängen die Trauben ziemlich hoch".
Aussprache		Für Frankreichs dritten oder gar vierten Stand (= Fuchs) ist die Welt des Königs und des Adels (= Trauben) nicht erreichbar, so verlockend sie ist.
Leitfrage		L: Kann man die Lehre auf uns heute übertragen?
Aussprache		

V. Sicherung

Zusammenfassung	Arbeitsblatt (S. 45)	Der Fuchs und die Trauben
Kontrolle (Lösungsblatt)	Folie (S. 46)	
Zusammenfassung	Tafel	
Hefteintrag		

Wiederholung der Merkmale von Fabeln

- Sie haben stets einen Spannungsbogen, der in einer Klimax oder Pointe gipfelt.
- Sie haben eine Lehre oder Moral als Vorwort (Promythium) oder als Nachwort (Epimythium).
- Ganz selten ist die Lehre auch in der Mitte platziert.
- Sie lassen sich in drei Abschnitte gliedern:
  ① Ausgangssituation
  ② Handlung und Gegenhandlung, zumeist im Dialog
  ③ Ergebnis mit einer Pointe

Hubert Albus: Fabeln, Parabeln und Schwänke · Best-Nr. 755 · © Brigg Pädagogik Verlag GmbH, Augsburg

Der Fuchs und die Trauben. Illustration: Gustave Doré

Der Fuchs und die Trauben
(Aesop/Jean de La Fontaine/Hermann Schmitz)

Der Fuchs und die Trauben
(Aesop)

Eine Maus und ein Spatz saßen an einem Herbstabend unter einem Weinstock und plauderten miteinander. Auf einmal zirpte der Spatz seiner Freundin zu: „Versteck dich, der Fuchs kommt", und flog rasch hinauf ins Laub.

Der Fuchs schlich sich an den Weinstock heran, seine Blicke hingen sehnsüchtig an den dicken,
5   blauen, überreifen Trauben. Vorsichtig spähte er nach allen Seiten. Dann stützte er sich mit seinen Vorderpfoten gegen den Stamm, reckte kräftig seinen Körper empor und wollte mit dem Mund ein paar Trauben erwischen. Aber sie hingen zu hoch.

Etwas verärgert versuchte er sein Glück noch einmal. Diesmal tat er einen gewaltigen Satz, doch er schnappte wieder nur ins Leere.

10   Ein drittes Mal bemühte er sich und sprang aus Leibeskräften. Voller Gier huschte er nach den üppigen Trauben und streckte sich so lange dabei, bis er auf den Rücken kollerte. Nicht ein Blatt hatte sich bewegt.

Der Spatz, der schweigend zugesehen hatte, konnte sich nicht länger beherrschen und zwitscherte belustigt: „Herr Fuchs, Ihr wollt zu hoch hinaus!"

15   Die Maus äugte aus ihrem Versteck und piepste vorwitzig: „Gib dir keine Mühe, die Trauben bekommst du nie." Und wie ein Pfeil schoss sie in ihr Loch zurück.

Der Fuchs biss die Zähne zusammen, rümpfte die Nase und meinte hochmütig: „Sie sind mir noch nicht reif genug, ich mag keine sauren Trauben." Mit erhobenem Haupt stolzierte er in den Wald zurück.

Der Fuchs und die Trauben
(Jean de La Fontaine)

Ein Fuchs aus der Gascogne oder Normandie,
Verhungernd fast, hat Trauben am Spalier erschaut.
Sie hingen hoch – doch ach, wie köstlich lockten sie
Mit ihrer reifen zart behauchten Haut!
5   Das wär ein Mahl, wie's unserm Burschen wohl behagte.
Doch unerreichbar hing die süße Traubenglut.
Drum rief er: „Pfui, wie grün! Die sind für Lumpen gut!"
Und war's nicht besser so, als dass er sich beklagte?

Der Fuchs und die Trauben
(Hermann Harry Schmitz)

„Na, ich konnte mir auch denken, dass die Trauben noch nicht reif waren", sagte der Fuchs und stellte den Stuhl, auf welchen er gestiegen war, um die Trauben zu kosten, wieder an seinen Platz. Er streckte sich behaglich am Fuße des Weinstockes aus und ließ sich die Sonne auf den Pelz brennen.

5   Von ohngefähr kam der Rabe geflogen. Der Rabe war ein Witzbold, ein wenig Satiriker; die Tiere meinten, er sei boshaft. Er selbst hielt sich für einen Lebenskünstler; er war stets im evening dress.

„Hallo, wie schaut's, alter Freund", – Leute, die man nicht mag, nennt man gern alter Freund – rief er dem Fuchs zu.

10   „N' Tag", erwiderte lässig der Fuchs.

„Ah so, Traubenkur, was?"

„Zu sauer", gähnte der Fuchs faul.

„Verstehe, verstehe", kicherte hämisch der Rabe, flog an den Weinstock und pickte eine dicke Beere ab.

15   „Pfui Teufel!" Wütend spuckte er aus und flog beschämt davon. Der Fuchs feixte befriedigt.

Hubert Albus: Fabeln, Parabeln und Schwänke • Best.-Nr. 755 • © Brigg Pädagogik Verlag GmbH, Augsburg

Lit | Name: _____ | Datum: _____

Der Fuchs und die Trauben
(Aesop / Jean de La Fontaine / Hermann Harry Schmitz)

❶ Gib kurz den Inhalt der Fabeln von Aesop und La Fontaine wieder.

① Ausgangssituation:

_____

_____

② Aktion:

_____

_____

③ Reaktion:

_____

_____

④ Lehre:

_____

_____

❷ Was wollen Aesop und La Fontaine mit ihren Fabeln aussagen?

_____

_____

_____

_____

❸ Was ist bei der Fabel von Schmitz anders? Welche Lehre steckt in seiner Fabel?

_____

_____

_____

_____

❹ Welche Rollen nehmen bei Schmitz Rabe und Fuchs ein? Charakterisiere beide.

_____

_____

_____

❺ Was will Schmitz mit seiner Fabel aussagen?

_____

_____

_____

❻ Wie kannst du die Lehre der Fabeln von Aesop und La Fontaine auf den Alltag übertragen?

_____

_____

_____

_____

Lit | Lösung

Der Fuchs und die Trauben
(Aesop / Jean de La Fontaine / Hermann Schmitz)

❶ Gib kurz den Inhalt der Fabeln von Aesop und La Fontaine wieder.

① Ausgangssituation:

Ein Fuchs entdeckt reife, blaue Weintrauben. Sie scheinen saftig zu sein und er will sie herunterreißen.

② Aktion:

Er versucht dreimal mit gewaltigen Sprüngen, sie zu erreichen, doch die Trauben hängen zu hoch.

③ Reaktion:

Daraufhin meint der Fuchs, die Trauben seien sowieso noch nicht reif und wären wahrscheinlich sauer.

④ Lehre:

Der Fuchs will sich seine Niederlage nicht eingestehen und macht deshalb die Trauben schlecht.

❷ Was wollen Aesop und La Fontaine mit ihren Fabeln aussagen?

Für den Fuchs, aber auch für uns Menschen ist es sehr einfach, etwas herabzusetzen, was man nicht erreichen kann. Menschen wollen nur ungern ihre Schwächen eingestehen. Wenn man ein Ziel nicht erreichen kann, weil es zu viel Mühe macht oder zu schwer ist, dann wird es als nicht erstrebenswert abgetan.

❸ Was ist bei der Fabel von Schmitz anders? Welche Lehre steckt in seiner Fabel?

Bei Schmitz weiß der Fuchs, dass die Trauben sauer sind, weil er sie mithilfe einer Leiter abgepflückt und gekostet hat. Der Rabe aber kennt nur die althergebrachten Fabeln und meint, der Fuchs wolle sich keine Blöße geben. So ist der Rabe selbst der Dumme, als er in die sauren Trauben beißt. Die Moral könnte lauten, dass man einem Schwerenöter und Lügner nicht glaubt, auch wenn er die Wahrheit spricht.

❹ Welche Rollen nehmen bei Schmitz Rabe und Fuchs ein? Charakterisiere beide.

Der coole Fuchs ist aufgrund seines Wissens der Überlegene und diese Überlegenheit spielt er gegenüber dem sich verstellenden Raben genüsslich aus. Der Rabe fliegt beschämt davon und muss die Häme des Fuchses über sich ergehen lassen.

❺ Was will Schmitz mit seiner Fabel aussagen?

Schmitz attackiert die Welt des Kleinbürgers im Industriezeitalter. Seine Protagonisten leben in einer Welt des Misstrauens und der Feindseligkeit, die durch falsches Gehabe und vordergründiges Gerede überdeckt wird. Jeder versucht den anderen auszutricksen.

❻ Wie kannst du die Lehre der Fabeln von Aesop und La Fontaine auf den Alltag übertragen?

Die Leistungen anderer kann man herabsetzen, indem man diese gering schätzt. Beispiele: ein guter Sportler („Sport ist Mord"), ein trefflicher Instrumentalist („klingt scheußlich"), ein guter Schüler („Streber"), ein glänzender Redner („Quasselstrippe"), ein guter Leser („Leseratte"), sparsam sein („Geizhals"), unauffällig sein („Loser"), Geld erarbeiten („Raffgeier") etc.

Hubert Albus: Fabeln, Parabeln und Schwänke · Best.-Nr. 755 · © Brigg Pädagogik Verlag GmbH, Augsburg

Der Esel und der Wolf (Gotthold Ephraim Lessing)
Der kriegerische Wolf (Gotthold Ephraim Lessing)

Lerninhalte:

- Kennenlernen von zwei motivverwandten Fabeln
- Erfassen der Verfasserintention
- Formulieren der Lehre
- Übertragen der Lehre auf das eigene Leben

Arbeitsmittel / Medien:

- Arbeitsblatt
- Textblatt
- Bild für die Tafel: Wölfe überfallen Schafe
- Folie 1: Wolf / Esel / Fuchs
- Folie 2: Lösungsblatt zum Arbeitsblatt

Folie 1

Verlaufsskizze

I. Hinführung

Stummer Impuls	Folie 1 (S. 47)	Wolf/Esel/Fuchs
Aussprache		
Lehrerfrage		L: Welche Eigenschaften werden Wolf, Esel und Fuchs zugeschrieben?
Aussprache		
Überleitung		L: Kennenlernen von zwei Fabeln, in denen diese Tiere eine Rolle spielen.
Zielangabe	Tafel	Der Esel und der Wolf/Der kriegerische Wolf (Gotthold Ephraim Lessing)

II. Textdarbietung

	Textblatt (S. 49)	Der Esel und der Wolf/Der kriegerische Wolf
Erlesen		
Spontanäußerungen		

III. Arbeit am Text

Arbeitsaufgaben		① Finde in beiden Fabeln die Pointe.
		② Formuliere zu beiden Fabeln eine Lehre.
Partnerarbeit		
Aussprache		
Stummer Impuls	Bild (S. 50)	Wölfe überfallen Schafe
Aussprache		
Lehrerfrage		L: Inwiefern passen beide Fabeln zu diesem Bild?
Aussprache		

IV. Wertung

Leitfrage		L: Kann man die Lehre beider Fabeln auf unsere Zeit übertragen?
Aussprache		1. Fabel: Der Wolf und der Esel
		Gewalt behält in unserer Zeit oft die Oberhand. Der Stärkere gewinnt.
		2. Fabel: Der kriegerische Wolf
		Bei vielen Menschen gehört Angeberei zum Leben.
Provokation	Tafel	Wer angibt, hat mehr vom Leben.
Aussprache		
		L: Suche sinnverwandte Begriffe für „Angeberei".
Aussprache		
Zusammenfassung	Tafel	Wichtigtuerei, Geschwollenheit, Hochmut, Protzerei, Dünkel, Arroganz, Gespreiztheit, Prahlerei, Sprücheklopferei, Imponiergehabe, Sprüchemacherei, Aufschneiderei, Großtuerei, Besserwisserei, Großmannssucht, Rechthaberei, Übertreibung

V. Sicherung

Zusammenfassung	Arbeitsblatt (S. 51)	Der Esel und der Wolf/Der kriegerische Wolf (Gotthold Ephraim Lessing)
Kontrolle (Lösungsblatt)	Folie (S. 52)	

Hubert Albus: Fabeln, Parabeln und Schwänke · Best.-Nr. 755 · © Brigg Pädagogik Verlag GmbH, Augsburg

Der Esel und der Wolf (Gotthold Ephraim Lessing)
Der kriegerische Wolf (Gotthold Ephraim Lessing)

Der Esel und der Wolf
(Gotthold Ephraim Lessing)

Ein Esel begegnete einem hungrigen Wolfe.

„Habe Mitleid mit mir", sagte der zitternde Esel, „ich bin ein armes krankes Tier; sieh nur, was für einen Dorn ich mir in den Fuß getreten habe!"

„Wahrhaftig, du dauerst mich", versetzte der Wolf. „Und ich finde mich in meinem Gewissen ver-
5 bunden, dich von deinen Schmerzen zu befreien."

Kaum ward das Wort gesagt, so ward der Esel zerrissen.

Fabel vom kranken Esel und dem Wolf. Holzschnitt: Virgil Solis

Der kriegerische Wolf
(Gotthold Ephraim Lessing)

„Mein Vater, glorreichen Andenkens", sagte ein junger Wolf zu einem Fuchse, „das war ein rechter Held! Wie fürchterlich hat er sich nicht in der ganzen Gegend gemacht! Er hat über mehr als zwei-hundert Feinde, nach und nach, triumphiert, und ihre schwarze Seelen in das Reich des Verder-bens gesandt. Was Wunder also, dass er endlich doch einem unterliegen musste!"

5 „So würde sich ein Leichenredner ausdrücken", sagte der Fuchs, „der trockene Geschichtsschrei-ber aber würde hinzusetzen: die zweihundert Feinde, über die er, nach und nach, triumphiert, waren Schafe und Esel; und der eine Feind, dem er unterlag, war der erste Stier, den er sich an-zufallen erkühnte."

Fabel von den Wölfen und Schafen. Holzschnitt: Virgil Solis

Die Wölfe und die Schafe. Illustration: Gustave Doré

Lit | Name: _____ | Datum: _____

Der Esel und der Wolf
(Gotthold Ephraim Lessing)

❶ **Gib kurz den Inhalt der Fabel wieder.**

_____

_____

_____

❷ **Finde die Pointe der Fabel und schreibe sie auf.**

_____

_____

_____

❸ **Lessing lässt die Lehre weg. Wie könnte sie lauten?**

_____

_____

_____

Der kriegerische Wolf
(Gotthold Ephraim Lessing)

❶ **Der Wolf übertreibt maßlos. Schreibe diese Übertreibungen auf.**

_____

❷ **Die Antwort des Fuchses relativiert die Äußerungen des Wolfs.**

_____

_____

❸ **Auch in dieser Fabel ist die Lehre weggelassen. Formuliere selbst eine.**

_____

_____

❹ **Übertrage die Lehre auf deinen Erfahrungsbereich und finde einige Beispiele.**

© Labbé

300 km/h Spitze, von 0 auf 100 in 4,5 Sekunden.

Angeber!

© spezial-bug

Lit | Lösung

Der Esel und der Wolf
(Gotthold Ephraim Lessing)

❶ **Gib kurz den Inhalt der Fabel wieder.**

Der kranke Esel appelliert an das Mitgefühl des Wolfs. Dieser äu-
ßert sein Bedauern, will ihn von seinen Schmerzen befreien und
zerreißt ihn.

❷ **Finde die Pointe der Fabel und schreibe sie auf.**

Der Wolf äußert sich ironisch und meint mit „von den Schmerzen
befreien" keine Linderung und Heilung der Krankheit, sondern den
Tod, der den Esel von seinen Schmerzen erlöst.

❸ **Lessing lässt die Lehre weg. Wie könnte sie lauten?**

Recht und Gerechtigkeit sind oftmals nicht miteinander vereinbar. Der Stärkere nimmt sich
aufgrund seiner Stärke, was er möchte, ohne dabei an die anderen zu denken.

Der kriegerische Wolf
(Gotthold Ephraim Lessing)

| **Aufschneider, Angeber** |
| *übertreibt, überschätzt sich selbst* |

| **Realist** |
| *sachlich, nüchtern, entlarvend* |

❶ **Der Wolf übertreibt maßlos. Schreibe diese Übertreibungen auf.**

„Mein Vater war ein rechter Held, glorreich, füchterlich und hat 200 Feinde besiegt."

❷ **Die Antwort des Fuchses relativiert die Äußerungen des Wolfs.**

„Die 200 Feinde waren wehrlose Tiere (Schafe und Esel). Die erste ernsthafte Auseinanderset-
zung mit einem Feind (Stier) hat deinem Vater das Leben gekostet."

❸ **Auch in dieser Fabel ist die Lehre weggelassen. Formuliere selbst eine.**

Oftmals steckt hinter Prahlereien kein Fünkchen Wahrheit.

---

❹ **Übertrage die Lehre auf deinen Erfahrungsbereich und finde einige Beispiele.**

Aufschneider, Prahlhanse und Angeber gibt es überall. In der Schule prahlen sie mit cooler

© Labbé

Kleidung, mit Vaters neu-
em Auto, mit Schmuck
und viel Geld.
Jungen geben mit zahl-
reichen weiblichen Ero-
berungen an, die oft nur
erfunden sind.

© spezial-bug

300 km/h Spitze,
von 0 auf 100 in
4,5 Sekunden.
Angeber!

Die Geschichte des alten Wolfs
(Gotthold Ephraim Lessing)

Lerninhalte:

- Kennenlernen einer längeren Fabel von Lessing
- Erfassen der stufenweise Verschärfung des Konflikts
- Herausfinden der Lehre
- Beurteilen des Verhaltens der beiden Antagonisten (Wolf/Schäfer)
- Übertragen der Moral auf die heutige Zeit

Arbeitsmittel / Medien:

- Arbeitsblatt
- Textblätter 1/2
- Folie 1: Wolf als Schäfer
- Folie 2: Kurze Inhaltszusammenfassung der Fabel
- Folie 3: Lösungsblatt zum Arbeitsblatt

Folie 1

Der Wolf als Schäfer. Illustration: Gustave Doré

Folie 2

Inhalt

Ein alter Wolf bittet einige Schäfer, ihn bis zu seinem Tod zu ernähren. Als Gegenleistung bietet er seine Dienste, ja sogar sein schönes Fell an. Von Schäfer zu Schäfer wird der Wolf in seinem Angebot immer bescheidener. Die Antworten der Schäfer aber werden immer spöttischer und abweisender. Der letzte Schäfer, dem er sein Fell anbietet, will ihn sogar mit einer Keule erschlagen. In immer größer werdender Wut und Verzweiflung tötet der Wolf wahllos Schafe und Kinder der Schäfer, ehe er mit Mühe umgebracht werden kann.

Fabel vom Wolf und den Hirten.
Holzschnitt: Virgil Solis

Verlaufsskizze

I. Hinführung

Stummer Impuls	Folie 1 (S. 53)	Wolf als Schäfer
Aussprache		
Impuls		L: Das Bild passt nicht zu den Eigenschaften eines Wolfs.
Aussprache		stark, scheu, gesellig, räuberisch
Überleitung		L: Kennenlernen einer Fabel, in der ein alter Wolf eine Rolle spielt.
Zielangabe	Tafel	Die Geschichte des alten Wolfs (Gotthold Ephraim Lessing)

II. Textdarbietung

	Textblätter (S. 55/56)	Die Geschichte des alten Wolfs
Erlesen		
Spotanäußerungen		

III. Arbeit am Text

		L: Fasse den Inhalt der Fabel kurz zusammen.
Aussprache		
Ergebnis	Folie 2 (S. 53)	
		L: Charakterisiere den Wolf.
Aussprache		
Ergebnis		Der Wolf ist alt, nicht aggressiv, will bis zu seinem Tod in Frieden leben, wird zum Angriff gezwungen.
Arbeitsaufträge		① Wie verändert sich die Lage des Wolfs im Verlauf der Fabel?
		② Suche die Ursachen für die schlechter werdende Lage des Wolfs.
		③ Wer von den Schäfern kann sich am ehesten in die Lage des Wolfs versetzen?
Gruppenarbeit		
Zusammenfassung		zu ① Die Lage wird immer aussichtsloser, je mehr Zugeständnisse der Wolf macht.
		zu ② Die Vorurteile der Schäfer dem Wolf gegenüber sind im Allgemeinen berechtigt, aber hier nicht gerechtfertigt und deshalb unbarmherzig.
		zu ③ Der vierte Schäfer: Er versucht, sich den Wolf als Hüter seiner Herde vorzustellen. Der siebte Schäfer formuliert eine Gesamtlehre.

IV. Wertung

Leitfragen		Kannst du das Verhalten des alten Wolfs verstehen? Warum verhalten sich die Schäfer so abweisend? Lässt sich die Gesamtlehre auch auf den menschlichen Bereich übertragen? Suche Beispiele.

V. Sicherung

Zusammenfassung	Arbeitsblatt (S. 57)	Die Geschichte des alten Wolfs
Kontrolle (Lösungsblatt)	Folie 3 (S. 58)	

Die Geschichte des alten Wolfs
(Gotthold Ephraim Lessing)

Der böse Wolf war zu Jahren gekommen und fasste den gleißenden Entschluss, mit den Schäfern auf einem gütlichen Fuß zu leben. Er machte sich also auf und kam zu dem Schäfer, dessen Horden seiner Höhle die nächsten waren. – „Schäfer", sprach er, „du nennst mich den blutgierigen Räuber, der ich doch wirklich nicht bin. Freilich muss ich mich an deine Schafe halten, wenn mich hungert;

5 denn Hunger tut weh. Schütze mich nur vor dem Hunger; mache mich nur satt, und du sollst mit mir recht wohl zufrieden sein. Denn ich bin wirklich das zahmste, sanftmütigste Tier, wenn ich satt bin."
„Wenn du satt bist? Das kann wohl sein", versetzte der Schäfer. „Aber wann bist du denn satt? Du und der Geiz werden es nie! Geh deinen Weg!"

Der abgewiesene Wolf kam zu einem zweiten Schäfer. „Du weißt, Schäfer", war seine Anrede, „dass

10 ich dir das Jahr durch manches Schaf würgen könnte. Willst du mir überhaupt jedes Jahr sechs Schafe geben, so bin ich zufrieden. Du kannst alsdann sicher schlafen und die Hunde ohne Bedenken abschaffen."
„Sechs Schafe?", sprach der Schäfer. „Das ist ja eine ganze Herde!"
„Nun, weil du es bist, so will ich mich mit fünfen begnügen", sagte der Wolf.

15 „Du scherzest; fünf Schafe! Mehr als fünf Schafe opfre ich kaum im ganzen Jahre dem Pan."
„Auch nicht viere?", fragte der Wolf weiter, und der Schäfer schüttelte spöttisch den Kopf.
„Drei? – Zwei?"
„Nicht ein einziges", fiel endlich der Bescheid. „Denn es wäre ja wohl töricht, wenn ich mich einem Feinde zinsbar machte, vor welchem ich mich durch meine Wachsamkeit sichern kann."

20 „Aller guten Dinge sind drei", dachte der Wolf und kam zu einem dritten Schäfer.
„Es geht mir recht nahe", sprach er, „dass ich unter euch Schäfern als das grausamste, gewissen-loseste Tier verschrien bin. Dir, Montan, will ich jetzt beweisen, wie unrecht man mir tut. Gib mir jährlich ein Schaf, so soll deine Herde in jenem Walde, den niemand unsicher macht als ich, frei und unbeschädigt weiden dürfen. Ein Schaf? Welche Kleinigkeit! Könnte ich großmütiger, könnte ich

25 uneigennütziger handeln? – Du lachst, Schäfer? Worüber lachst du denn?"
„O über nichts! Aber wie alt bist du, guter Freund?", sprach der Schäfer.
„Was geht dich mein Alter an? Immer noch alt genug, dir deine liebsten Lämmer zu würgen."
„Erzürne dich nicht, alter Isegrim! Es tut mir leid, dass du mit deinem Vorschlage einige Jahre zu spät kommst. Deine ausgerissenen Zähne verraten dich. Du spielst den Uneigennützigen, bloß, um dich

30 desto gemächlicher, mit desto weniger Gefahr nähren zu können."

Der Wolf ward ärgerlich, fasste sich aber doch und ging zu dem vierten Schäfer. Diesem war eben sein treuer Hund gestorben, und der Wolf machte sich den Umstand zunutze.
„Schäfer", sprach er, „ich habe mich mit meinen Brüdern im Walde veruneinigt und so, dass ich mich in Ewigkeit nicht wieder mit ihnen aussöhnen werde. Du weißt, wie viel du von ihnen zu fürchten

35 hast! Wenn du mich aber anstatt deines verstorbenen Hundes in Dienste nehmen willst, so stehe ich dir dafür, dass sie keines deiner Schafe auch nur scheel ansehen sollen."
„Du willst sie also", versetzte der Schäfer, „gegen deine Brüder im Walde beschützen?"
„Was meine ich denn sonst? Freilich."
„Das wäre nicht übel! Aber wenn ich dich nun in meine Horde einnähme, sage mir doch, wer sollte

40 alsdann meine armen Schafe gegen dich beschützen? Einen Dieb ins Haus nehmen, um vor den Dieben außer dem Hause sicher zu sein, das halten wir Menschen ..."
„Ich höre schon", sagte der Wolf, „du fängst an zu moralisieren. Lebe wohl!"

„Wäre ich nicht so alt!", knirschte der Wolf. „Aber ich muss mich leider in die Zeit schicken." Und so kam er zu dem fünften Schäfer.

45 „Kennst du mich, Schäfer?", fragte der Wolf.
„Deinesgleichen wenigstens kenne ich", versetzte der Schäfer.
„Meinesgleichen? Daran zweifle ich sehr. Ich bin ein so sonderbarer Wolf, dass ich deiner und aller Schäfer Freundschaft wohl wert bin."
„Und wie sonderbar bist du denn?"

50 „Ich könnte kein lebendiges Schaf würgen und fressen, und wenn es mir das Leben kosten sollte. Ich nähre mich bloß mit toten Schafen. Ist das nicht löblich? Erlaube mir also immer, dass ich mich dann und wann bei deiner Herde einfinden und nachfragen darf, ob dir nicht ..."

„Spare der Worte!", sagte der Schäfer. „Du müsstest gar keine Schafe fressen, auch nicht einmal tote, wenn ich dein Feind nicht sein sollte. Ein Tier, das mir schon tote Schafe frisst, lernt leicht aus

55 Hunger kranke Schafe für tot und gesunde für krank anzusehen. Mache auf meine Freundschaft also keine Rechnung und geh!"

„Ich muss nun schon mein Liebstes daran wenden, um zu meinem Zwecke zu gelangen!", dachte der Wolf und kam zu dem sechsten Schäfer.

„Schäfer, wie gefällt dir mein Pelz?", fragte der Wolf.

60 „Dein Pelz?", sagte der Schäfer. „Lass sehen! Er ist schön; die Hunde müssen dich nicht oft unter-gehabt haben."

„Nun, so höre, Schäfer: Ich bin alt und werde es so lange nicht mehr treiben. Füttere mich zu Tode, und ich vermache dir meinen Pelz."

„Ei, sieh doch!", sagte der Schäfer. „Kommst du auch hinter die Schliche der alten Geizhälse? Nein,

65 nein; dein Pelz würde mich am Ende siebenmal mehr kosten, als er wert wäre. Ist es dir aber Ernst, mir ein Geschenk zu machen, so gib ihn mir gleich jetzt."

Hiermit griff der Schäfer nach der Keule, und der Wolf floh.

„O die Unbarmherzigen!", schrie der Wolf und geriet in äußerste Wut.

„So will ich auch als ihr Feind sterben, ehe mich der Hunger tötet; denn sie wollen es nicht besser!"

70 Er lief, brach in die Wohnungen der Schäfer ein, riss ihre Kinder nieder und ward nicht ohne große Mühe von den Schäfern erschlagen.

Da sprach der Weiseste von ihnen: „Wir taten doch wohl unrecht, dass wir den alten Räuber auf das Äußerste brachten und ihm alle Mittel zur Besserung, so spät und erzwungen sie auch war, benah-men!"

Lit | Name: _____ | Datum: _____

Die Geschichte des alten Wolfs
(Gotthold Ephraim Lessing)

❶ Was erwidern die Schäfer jeweils dem Wolf?

① _____

② _____

_____

③ _____

④ _____

_____

⑤ _____

_____

⑥ _____

❷ Beurteile das Verhalten des alten Wolfs und die Reaktion der Schäfer.

❸ Was will Lessing mit seiner Fabel aussagen?

_____

_____

_____

❹ Welche Aussagen sind richtig? Kreuze an.

☐ Der Wolf steht für einen Außenseiter, der plötzlich auf Hilfe anderer angewiesen ist.

☐ Den Außenseitern sollte man klar signalisieren, dass sie anders sind.

☐ Die Schäfer fühlen sich sicher, da der Wolf als Bittsteller auftritt.

☐ Gelobt ein Mensch Besserung, sollte man ihm eine zweite Chance geben.

☐ Man darf seinen Aggressionen freien Lauf lassen, wenn man von anderen nicht unterstützt wird.

Hubert Albus: Fabeln, Parabeln und Schwänke · Best.-Nr. 755 · © Brigg Pädagogik Verlag GmbH, Augsburg

Lit | Lösung

Die Geschichte des alten Wolfs
(Gotthold Ephraim Lessing)

❶ **Was erwidern die Schäfer jeweils dem Wolf?**

① *Gefräßigkeit und Geiz werden nie satt.*

② *Es wäre töricht, wenn man sich einem Feind zinsbar macht, vor welchem man sich durch Wachsamkeit sichern kann.*

③ *Einem alt gewordenen Räuber darf man die Uneigennützigkeit nicht glauben.*

④ *Es ist töricht, einen Dieb ins Haus zu nehmen, um sich vor anderen Dieben zu schützen.*

⑤ *Ein Tier, das mir schon tote Schafe frisst, lernt leicht aus Hunger kranke Schafe für tot und gesunde für krank anzusehen.*

⑥ *Niemand bezahlt für etwas, was er auch umsonst haben kann.*

❷ **Beurteile das Verhalten des alten Wolfs und die Reaktion der Schäfer.**

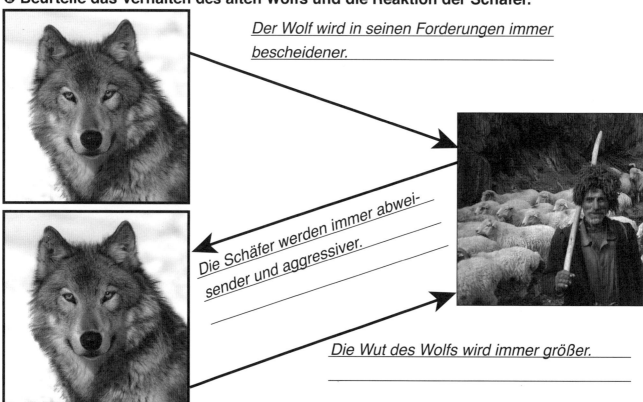

Der Wolf wird in seinen Forderungen immer bescheidener.

Die Schäfer werden immer abweisender und aggressiver.

Die Wut des Wolfs wird immer größer.

❸ **Was will Lessing mit seiner Fabel aussagen?**

Aussage des weisen Schäfers: „Wir taten doch wohl unrecht, dass wir den alten Räuber auf das Äußerste brachten und ihm alle Mittel zur Besserung, so spät und erzwungen sie auch war, benahmen." Die Schäfer haben sich in diesem Fall unbarmherzig und unmenschlich verhalten.

❹ **Welche Aussagen sind richtig? Kreuze an.**

☒ Der Wolf steht für einen Außenseiter, der plötzlich auf Hilfe anderer angewiesen ist.

☐ Den Außenseitern sollte man klar signalisieren, dass sie anders sind.

☒ Die Schäfer fühlen sich sicher, da der Wolf als Bittsteller auftritt.

☒ Gelobt ein Mensch Besserung, sollte man ihm eine zweite Chance geben.

☐ Man darf seinen Aggressionen freien Lauf lassen, wenn man von anderen nicht unterstützt wird.

Hubert Albus: Fabeln, Parabeln und Schwänke · Best.-Nr. 755 · © Brigg Pädagogik Verlag GmbH, Augsburg

Der Besitzer des Bogens (Gotthold Ephraim Lessing)
Die Sperlinge (Gotthold Ephraim Lessing)

Lerninhalte:

- Kennenlernen von zwei Fabeln mit ähnlicher Thematik
- Fähigkeit zur inhaltlichen Erschließung der Fabeln
- Beurteilen des Verhaltens der beiden Protagonisten
- Herausfinden der Moral der beiden Fabeln
- Übertragen der jeweiligen Lehre auf unsere Zeit

Arbeitsmittel / Medien:

- Arbeitsblatt
- Textblatt
- Bild für die Tafel: Ruine einer Kirche
- Folie 1: Pfeil und Bogen
- Folie 2: Sperlinge (Spatzen)
- Folie 3: Lösungsblatt zum Arbeitsblatt

Folie 1

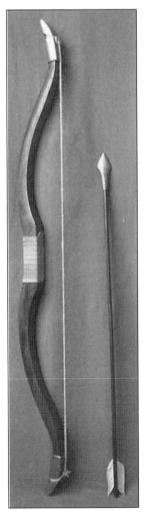

Folie 2

Verlaufsskizze

I. Hinführung

Stummer Impuls	Bild (S. 62)	Ruine einer Kirche
Aussprache		
Stummer Impuls	Folie 1 (S. 59)	Bogen aus Holz mit Pfeil
	Folie 2 (S. 59)	Zwei Sperlinge (Spatzen)
Aussprache		
Überleitung		L: Kennenlernen von zwei Fabeln, die eine ähnliche Thematik aufweisen.
Zielangabe	Tafel	Der Besitzer des Bogens / Die Sperlinge (Gotthold Ephraim Lessing)

II. Textdarbietung

	Textblatt (S. 61)	Der Besitzer des Bogens / Die Sperlinge
Erlesen		
Spontanäußerungen		

III. Arbeit am Text

Arbeitsauftrag		L: Vergleiche beide Fabeln. Gemeinsamkeiten? Unterschiede?
Stillarbeit		
Zusammenfassung	Tafel	Gemeinsamkeiten: In beiden Fabeln erweist sich bewährtes, gebrauchtes Altes als nützlicher und besser als unversehrtes, blinkendes Neues. Unterschiede: In der ersten Fabel agiert ein Mensch, während in der zweiten Fabel Tiere handeln.

IV. Wertung

Impuls		L: Formuliere zu den beiden Fabeln die passenden Lehren.
Aussprache		
Leitfrage		L: Kannst du die beiden Lehren auf den Alltag übertragen? Gib Beispiele.
Aussprache		

V. Sicherung

Zusammenfassung	Arbeitsblatt (S. 63)	Der Besitzer des Bogens / Die Sperlinge (Gotthold Ephraim Lessing)
Kontrolle (Lösungsblatt)	Folie 3 (S. 64)	

Hubert Albus: Fabeln, Parabeln und Schwänke · Best.-Nr. 755 · © Brigg Pädagogik Verlag GmbH, Augsburg

Der Besitzer des Bogens (Gotthold Ephraim Lessing)
Die Sperlinge (Gotthold Ephraim Lessing)

Der Besitzer des Bogens
(Gotthold Ephraim Lessing)

Ein Mann hatte einen trefflichen Bogen von Ebenholz, mit dem er sehr weit und sehr sicher schoss, und den er ungemein wert hielt.

Einst aber, als er ihn aufmerksam betrachtete, sprach er: „Ein wenig zu plump bist du doch! All deine Zierde ist die Glätte. Schade! – Doch dem ist abzuhelfen!", fiel ihm ein.

5 „Ich will hingehen und den besten Künstler Bilder in den Bogen schnitzen lassen." –
Er ging hin, und der Künstler schnitzte eine ganze Jagd auf den Bogen, und was hätte sich besser auf einem Bogen geschickt als eine Jagd?
Der Mann war voller Freuden.
„Du verdienst diese Zieraten, mein lieber Bogen!" –
10 Indem will er ihn versuchen, er spannt, und der Bogen – zerbricht.

Die Sperlinge
(Gotthold Ephraim Lessing)

Eine alte Kirche, welche den Sperlingen unzählige Nester gab, ward ausgebessert. Als sie nun in ihrem neuen Glanze dastand, kamen die Sperlinge wieder, ihre alten Wohnungen zu suchen. Allein sie fanden sie alle vermauert.

„Zu was", schrien sie, „taugt denn nun das große Gebäude? Kommt, verlasst den unbrauch-
5 baren Steinhaufen!"

Verfallene Kirche auf Korsika © Picasa 2.7

Hubert Albus: Fabeln, Parabeln und Schwänke • Best.-Nr. 755 • © Brigg Pädagogik Verlag GmbH, Augsburg

Lit | Name: _____ | Datum: _____

Der Besitzer des Bogens
(Gotthold Ephraim Lessing)

❶ Wie sieht der Bogen ursprünglich aus?

_____

❷ Warum lässt der Mann seinen Bogen verzieren? Folge?

_____

_____

_____

❸ Der Mann erkennt nun, was einen guten Bogen ausmacht?

_____

_____

❹ Welche Lehre steckt in Lessings Fabel?

_____

_____

_____

_____

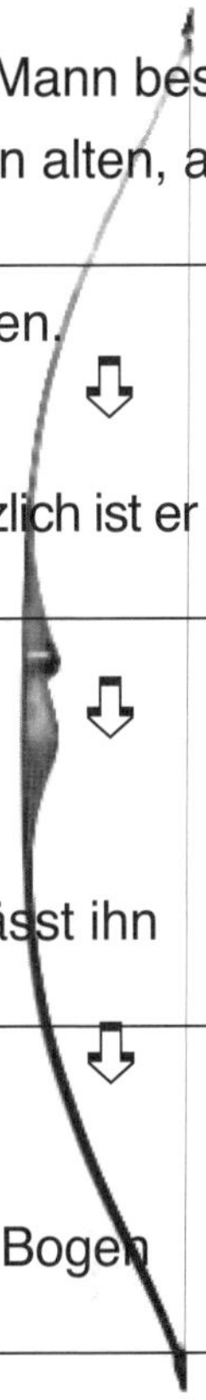

Ein Mann besitzt
einen alten, aber
_____
Bogen.
⇩
Plötzlich ist er ihm
zu _____.
⇩
Er lässt ihn
_____
⇩
Der Bogen
_____.

Die Sperlinge
(Gotthold Ephraim Lessing)

_____

_____

Eine Frage der

_____

_____   _____

→ _____   → _____

_____   _____

❶ Ergänze die obige Grafik. Überlege dann, was Lessing mit seiner Fabel aussagen will.

_____

_____

❷ Kreuze die zur Fabel passende Lehre an.

☐ Begehre nicht besser zu sein, als es dir Gott zugedacht hat.

☐ Nachteile erkennt man oft erst, wenn man sie selbst verspürt.

☐ Was dem einen nützt, schadet dem anderen.

☐ Es gibt verschiedene Wege aus der zu erwartenden Not.

Lit | Lösung

Der Besitzer des Bogens
(Gotthold Ephraim Lessing)

❶ Wie sieht der Bogen ursprünglich aus?

Der Bogen sieht plump aus. Er hat keine Verzierungen.

❷ Warum lässt der Mann seinen Bogen verzieren? Folge?

Der Mann findet das plumpe Aussehen schade und lässt den Bogen kunstvoll mit Bildern einer Jagd verzieren. Der Bogen zerbricht.

❸ Der Mann erkennt nun, was einen guten Bogen ausmacht?

Der Mann erkennt, dass nicht kunstvolle Verzierungen des Bogens, sondern seine Funktionalität entscheidend sind.

❹ Welche Lehre steckt in Lessings Fabel?

Nicht vordergründiger Glanz und äußere Schönheit sollten im Leben gelten, sondern Schlichtheit und Einfachheit. Zweckmäßigkeit, Funktionalität, Einfachheit und Sachlichkeit waren wichtige Aspekte der Epoche der Aufklärung. Sie zeigen die bürgerliche Sichtweise Lessings.

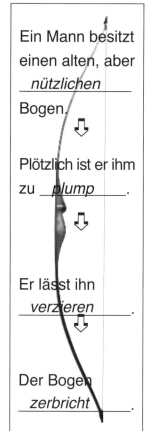

Ein Mann besitzt einen alten, aber _nützlichen_ Bogen.

⇩

Plötzlich ist er ihm zu _plump_.

⇩

Er lässt ihn _verzieren_.

⇩

Der Bogen _zerbricht_.

Die Sperlinge
(Gotthold Ephraim Lessing)

Scheinbar Wertloses ist für andere wertvoll.

→ | Eine Frage der _Perspektive_ | ←

alt, zerfallen, hässlich, unbrauchbar, Ruine

→ *trotzdem als „Wohnung" nützlich*

neu, sauber, ansehnlich, prachtvoll neues Bauwerk

→ *Prunkstück, das sich als „Steinhaufen" entpuppt*

❶ Ergänze die obige Grafik. Überlege dann, was Lessing mit seiner Fabel aussagen will.

Sperlinge symbolisieren die Gläubigen, die den Sinn der Kirche nicht nach dem äußeren Schein (Prunk, Glanz), sondern nach ihrer inneren Bestimmung beurteilen, die Heil und Geborgenheit verspricht. Wird die Kirche dieser Aufgabe nicht gerecht, ist sie nur ein toter Haufen Stein.

❷ Kreuze die zur Fabel passende Lehre an.

☐ Begehre nicht besser zu sein, als es dir Gott zugedacht hat.

☐ Nachteile erkennt man oft erst, wenn man sie selbst verspürt.

☒ Was dem einen nützt, schadet dem anderen.

☐ Es gibt verschiedene Wege aus der zu erwartenden Not.

Hubert Abus: Fabeln, Parabeln und Schwänke • Best.-Nr. 755 • © Brigg Pädagogik Verlag GmbH, Augsburg

Die ziemlich intelligente Fliege (James G. Thurber)
Das Pferd und die Bremse (Christian Fürchtegott Gellert)
Der Löwe und die Mücke (Christian August Fischer)
Die Macht der Winzigkeit (Wolfdietrich Schnurre)

Lerninhalte:

- Kennenlernen von vier motivverwandten Fabeln
- Klären schwieriger Begriffe
- Herausfinden der Eigenschaften der Antagonisten
- Übertragen der Lehren auf den menschlichen Bereich
- Kennenlernen der Autorenporträts

Arbeitsmittel / Medien:

- Arbeitsblätter 1 / 2
- Textblatt
- Bild 1 für die Tafel: Stechmücke
- Bild 2 für die Tafel: Der Löwe und die Mücke
- Folie 1: Pferd / Mücke
- Folie 2: Autorenporträts
- Folien 3 / 4: Lösungsblätter zu den Arbeitsblättern

Folie 1

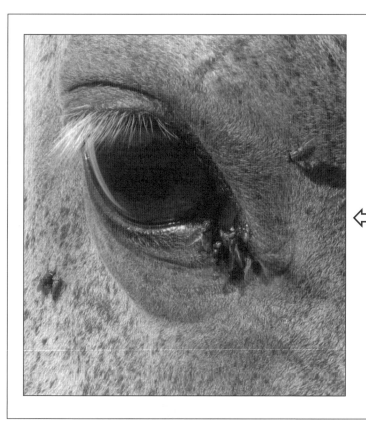  

Verlaufsskizze

I. Hinführung

Stummer Impuls	Bild 1 (S. 69)	Stechmücke
Aussprache		
Überleitung		L: In vier Fabeln wird von Insekten erzählt.
Zielangabe		Die ziemlich intelligente Fliege (James G. Thurber)/ Das Pferd und die Bremse (Christian Fürchtegott Gellert)/Der Löwe und die Mücke (Christian August Fischer)/ Die Macht der Winzigkeit (Wolfdietrich Schnurre)

II. Textdarbietung

	Textblatt (S. 67)	Die ziemlich intelligente Fliege/Das Pferd und die Bremse/Der Löwe und die Mücke/Die Macht der Winzigkeit
Erlesen		
Spontanäußerungen		

III. Arbeit am Text

	Tafel	Klärung schwieriger Begriffe

Gellert: Gaul – schlechtes Pferd; Brems/Bremse – eine Art große Fliege, die Menschen und Tiere sticht und Blut saugt; Zaum, Zaumzeug – die Bänder aus Leder, die man einem Pferd um den Kopf legt, um es (durch die Zügel) führen zu können; heficht – nach Hefe riechend/schmeckend

Fischer: Die Sansculotten (französisch: „ohne Kniehose") waren die sozialrevolutionäre Massenbasis der Jakobiner in der Französischen Revolution 1789. Als Angehörige der Unter- und Mittelschicht in Paris trugen sie im Gegensatz zum Adel lange Hosen. Die Carmagnole ist ein Rundgesang und Tanz der Republikaner, der zur Zeit der Französischen Revolution aufkam. Der Text verspottet den bereits entmachteten französischen König Ludwig XVI. und seine Frau Marie Antoinette.

Arbeitsauftrag		L: Finde zu allen vier Fabeln jeweils die Lehre.
Partnerarbeit		
Aussprache		• Thurber: Auf Mehrheiten ist kein Verlass.
		• Gellert: Der Hass des Volkes kann selbst den Mächtigsten stürzen. Jeder, der nicht dein Freund ist, kann dir schaden.
		• Fischer: Es ist gefährlich, sich die Unterdrückten und Rechtlosen zum Feind zu machen.
		• Schnurre: Der Kleine wird dann unbequem, wenn ihm die Macht des Großen nichts anhaben kann.

IV. Wertung

Stummer Impuls	Bild 2 (S. 70)	Der Löwe und die Mücke
Impuls		L: Der französische Maler Gustave Doré hat dieses Bild mit „Der Löwe und die Mücke" überschrieben.
Aussprache		
Leitfrage		L: Welche menschlichen Schwächen werden in den vier Fabeln angeprangert?
Aussprache		
Ergebnis		Überheblichkeit, Hochmut, Prahlerei, Eitelkeit u. a.

V. Sicherung

Zusammenfassung	Arbeitsblätter 1/2 (S. 71/73)	Vier Fabeln
Kontrolle (Lösungsblätter)	Folien 3/4 (S. 72/74)	
Exkurs	Folie 2 (S. 68)	Autorenporträts

Die ziemlich intelligente Fliege (J. G. Thurber)/ Das Pferd und die Bremse (C. F. Gellert)/Der Löwe und die Mücke (C. A. Fischer)/ Die Macht der Winzigkeit (W. Schnurre)

Die ziemlich intelligente Fliege
(James G. Thurber)

Eine große Spinne hatte in einem alten Haus ein schönes Netz gewoben, um Fliegen zu fangen. Jedes Mal, wenn eine Fliege sich auf dem Netz niederließ und darin hängenblieb, verzehrte die Spinne sie schleunigst, damit andere Fliegen, die vorbeikamen, denken sollten, das Netz sei ein sicherer und gemütlicher Platz. Eines Tages schwirrte eine ziemlich intelligente Fliege so lange um
5 das Netz herum, ohne es zu berühren, dass die Spinne schließlich hervorkroch und sagte: „Komm, ruh' dich ein bisschen bei mir aus." Aber die Fliege ließ sich nicht übertölpeln.
„Ich setze mich nur an Stellen, wo ich andere Fliegen sehe", antwortete sie, „und ich sehe bei dir keine anderen Fliegen."
Damit flog sie weiter, bis sie an eine Stelle kam, wo sehr viele Fliegen saßen. Sie wollte sich
10 gerade zu ihnen gesellen, als eine Biene ihr zurief: „Halt, du Idiot, hier ist Fliegenleim. Alle diese Fliegen sitzen rettungslos fest."
„Red' keinen Unsinn", sagte die Fliege. „Sie tanzen doch."
Damit ließ sie sich nieder und blieb auf dem Fliegenleim kleben wie all die anderen Fliegen.

Das Pferd und die Bremse
(Christian Fürchtegott Gellert)

Ein Gaul, der Schmuck von weißen Pferden,
Von Schenkeln leicht, schön von Gestalt,
Und, wie ein Mensch, stolz in Gebärden,
Trug seinen Herrn durch einen Wald;
5 Als mitten in dem stolzen Gange
Ihm eine Brems entgegenzog,
Und durstig auf die nasse Stange
An seinem blanken Zaume flog.
Sie leckte von dem weißen Schaume,
10 Der heficht am Gebisse floss.
„Geschmeiße!", sprach das wilde Ross,
„Du scheust dich nicht vor meinem Zaume?
Wo bleibt die Ehrfurcht gegen mich?

Wie? Darfst du wohl ein Pferd erbittern?
15 Ich schüttle nur: so musst du zittern."
Es schüttelte; die Bremse wich.
Allein sie suchte sich zu rächen;
Sie flog ihm nach, um ihn zu stechen,
Und stach den Schimmel in das Maul.
20 Das Pferd erschrak, und blieb vor Schrecken
In Wurzeln mit dem Eisen stecken.
Und brach ein Bein; hier lag der stolze Gaul.

Auf sich den Hass der Niedern laden,
Dies stürzet oft den größten Mann.
25 Wer dir, als Freund, nicht nützen kann,
Kann allemal, als Feind, dir schaden.

Der Löwe und die Mücke
(Christian August Fischer)

„Ohnmächtiges, verächtliches Geschöpf!", rief der Löwe einer Mücke nach, die bei ihm vorbeiflog." „Wärst du auch zehnmal der König der Tiere, ich wollte doch mit dir fertig werden." – „Zum Spaß", sagte der Löwe, „wir wollen sehen!", indem er nach ihr schnappte. Aber die Mücke war schneller als er; im Nu saß sie ihm auf dem Rücken und verwundete ihn bald hier, bald da. Er wollte sie ab-
5 schütteln, er wollte sich auf den Boden wälzen, um sie zu zerdrücken: wie der Blitz saß sie ihm im Ohre. Der Schmerz machte ihn zornig; unter seinen Schlägen tönte die Erde, sein Gebrüll erfüllte die Lüfte, er schäumte, er rasete. – Vergebens! Sie hatte sich zu fest eingesaugt. „Du hast mich überwunden!", sagte er halb ohnmächtig und bat um Frieden.

So hat halb Europa der sogenannten Sansculotten gespottet, um zuletzt vor ihnen zu zittern; und
10 manche Macht, die die Carmagnolen verachtete, bittet sie jetzt demütig um Frieden.

Die Macht der Winzigkeit
(Wolfdietrich Schnurre)

„Mach, dass du wegkommst!", schnaubte der Stier die Mücke an, die ihm im Ohr saß. „Du vergisst, dass ich kein Stier bin", sagte die; und stach ihn gemächlich.

Christian Fürchtegott Gellert

Gellert wurde am 4. Juli 1715 in Hainichen im Erzgebirge als fünfter Sohn einer 13-köpfigen Pastorenfamilie in ärmlichen Verhältnissen geboren. Mit 14 Jahren konnte er aber die Fürstenschule in Meißen besuchen. 1734 bis 1738 studierte er an der Universität in Leipzig, musste 1739 aufgrund finanzieller Engpässe das Studium unterbrechen und arbeitete als Hofmeister in Dresden. 1740 nahm er das Studium wieder auf und schloss es 1744 mit einer Dissertation über Theorie und Geschichte der Fabel ab. 1751 wurde er zum außerordentlichen Professor für Philosophie ernannt; bis zu seinem Tode hielt er Vorlesungen über Poetik und Stilkunde, aber besonders über Moral. Zu seinen Hörern zählte auch Goethe, der in Dichtung und Wahrheit Gellerts Morallehre als „Fundament der deutschen sittlichen Kultur" beschrieb. Durch seine Fabeln und Erzählungen (1746/48) wurde Gellert sehr populär. Außerdem verfasste er eine umfangreiche Abhandlung über die Fabel. Gellert starb am 13. Dezember 1769 in Leipzig.

Projekt Gutenberg © Spiegel online 2011

Christian August Fischer

Fischer wurde am 29. August 1771 in Leipzig geboren. Er studierte von 1788 bis 1792 Rechtswissenschaften in Leipzig. Nach mehrjährigen Reisen durch Europa ließ er sich 1799 als Privatgelehrter in Dresden nieder. 1804 wurde er Professor für Kultur- und Literaturwissenschaft in Würzburg. 1821 veröffentlichte Fischer unter dem Pseudonym *Felix von Fröhlichsheim* sein Buch *Katzensprung von Frankfurt am Main nach München*, das ihm drei Jahre Festungshaft wegen Beleidigung von Klerus und Obrigkeit einbrachte. Außerdem kostete es ihm sein Amt. Nach der Festungshaft erwartete ihn ein eher ärmliches Schriftstellerleben. Seine Haftzeit verarbeitete er literarisch in dem Werk *Hyazinthen in meinem Kerker*.

Fischer war er ein berühmter, gar berüchtigter Autor, der, enorm fleißig und äußerst produktiv, mit großem Geschick seine literarische Arbeit zu vermarkten wusste. Mit der Schilderung von Reisen, die ihn quer durch Europa geführt hatten, fand er Anerkennung und ein breites Lesepublikum. Nicht minder begehrt waren seine unter dem Pseudonym *Althing* veröffentlichten erotischen Schriften. Sein Werk ist heute in Vergessenheit geraten. Fischer war mit der deutschen Schriftstellerin und Frauenrechtlerin Caroline Auguste Fischer verheiratet. Er starb am 14. April 1829 in Mainz.

Wikipedia © Creative Commons

Wolfdietrich Schnurre

Er wurde am 22. August 1920 in Frankfurt am Main als Sohn eines Bibliothekars geboren. 1928 zog er mit seinen Eltern nach Berlin. Er wuchs im Nordosten der Stadt auf und erlebt dort menschliche politische Unruhen und Streiks. Nach Volksschule und Gymnasium nahm er als Soldat am Zweiten Weltkrieg teil, zuletzt in einer Strafkompanie. 1946 wurde Schnurre zunächst Redaktionsvolontär beim Ullstein Verlag und zog nach dem Verbot des sowjetischen Kulturoffiziers, in westlichen Zeitschriften zu publizieren, nach West-Berlin. 1946–1949: Film- und Theaterkritiker der *Deutschen Rundschau*, der „Neuen Zeitung", der „Welt", der „Welt am Sonntag" und beim „Neuen Film". Zusammen mit Hans Werner Richter und Alfred Andersch ist er Mitbegründer der literarischen „Gruppe 47". Er veröffentlichte in der Presse Kurzgeschichten, aber auch Novellen, Erzählungen und Gedichte, in denen er sein Kriegs- und Nachkriegserleben dokumentiert. Ab 1950 lebte Schnurre als freier Schriftsteller in West-Berlin. In seinen Geschichten schilderte Schnurre immer wieder Erlebnisse der Kriegs- und Nachkriegszeit. Er erhielt den Fontane-Preis der Stadt Berlin. 1959 wurde er Mitglied der „Deutschen Akademie für Sprache und Dichtung". 1962 veröffentlichte er den Bildband „Berlin. Eine Stadt wird geteilt". Schnurre tritt aus dem P.E.N.-Zentrum aus Protest gegen deren Schweigen zum Berliner Mauerbau aus. 1964 erkrankt er schwer an Polyneuritis. Ein Jahr später nahm sich seine Frau Eva, geborene Mertz, das Leben. Der Tod der Frau, über die er sagte: „Aus unserer Ehe sind elf Bücher hervorgegangen, keins denkbar ohne meine Frau, keins denkbar ohne Berlin", traf ihn schwer. 1966 heiratete Schnurre die Grafikerin Marina, geborene Kamin. 1983 wurde er mit dem Georg-Büchner-Preis ausgezeichnet. Am 9. Juni 1989 starb Wolfdietrich Schnurre im Alter von 68 Jahren in Kiel.

© perlentaucher.de

James Grover Thurber

(s. S. 30)

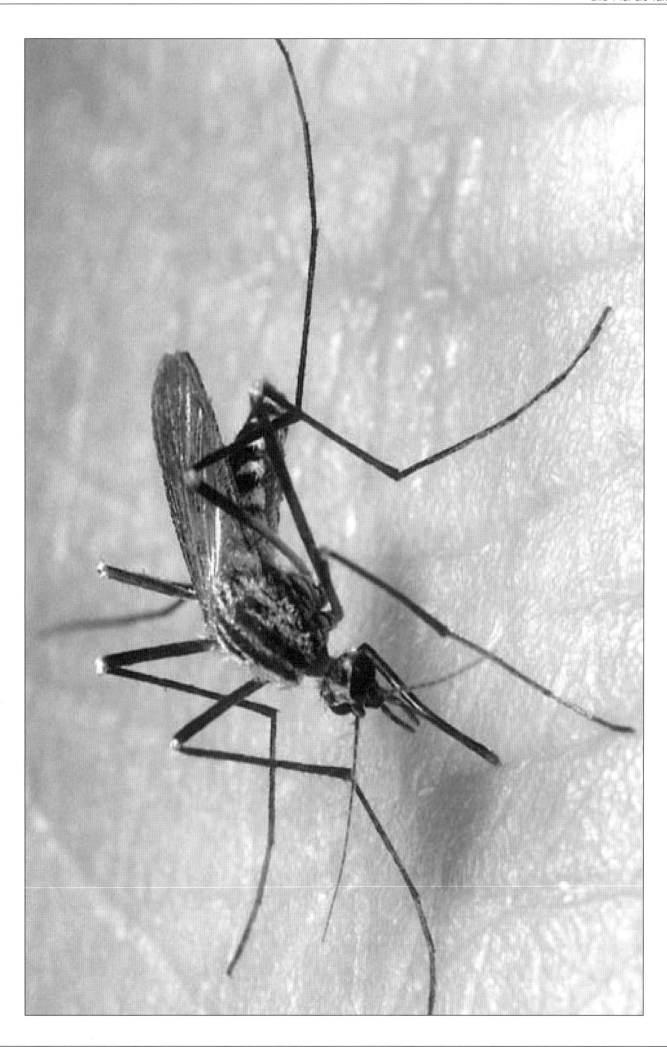

Der Löwe und die Mücke. Illustration: Gustave Doré

Lit | Name: _____ | Datum: _____

Die ziemlich intelligente Fliege
(James G. Thurber)

❶ **Ordne den Tieren die unten stehenden Handlungen zu.**

verzweifelter Befreiungsversuch – Nahrungsfang – Ratschläge ablehnen – Warnung

① die Spinne _____

② die ziemlich intelligente Fliege _____

③ die Biene _____

④ die anderen Fliegen _____

❷ **Die Handlungsabschnitte sind durcheinandergeraten. Ordne sie in der richtigen Reihenfolge von Nummer ① bis Nummer ⑦.**

• Die Spinne will die Fliege überreden, sich bei ihr auszuruhen.   Nummer _____

• Die Spinne webt ein Netz.   Nummer _____

• Die Biene warnt die Fliege.   Nummer _____

• Die Fliege sieht das Spinnennetz als Gefahr an.   Nummer _____

• Die Fliege schlägt die Warnung aus.   Nummer _____

• Die Fliege klebt fest.   Nummer _____

• Die Spinne frisst die gefangenen Fliegen.   Nummer _____

❸ **Welche Lehre könnte die Fabel vermitteln? Nur eine Antwort ist richtig. Kreuze an.**

☐ Nicht alles, was sicher aussieht, ist ungefährlich.

☐ Höre immer darauf, was andere dir raten.

☐ Wer anderen eine Grube gräbt, fällt selbst hinein.

☐ Wer den Schaden hat, braucht für den Spott nicht zu sorgen.

☐ Übung macht den Meister.

☐ Der Klügere gibt nach.

❹ **Was könnte die Biene gedacht haben, als die Fliege am Fliegenleim kleben blieb?**

_____

_____

Das Pferd und die Bremse
(Christian Fürchtegott Gellert)

❶ **Fasse den Inhalt der Fabel in Gedichtform kurz zusammen.**

_____

_____

_____

❷ **Gellert bringt am Ende seiner Fabel zwei Lehren. Erkläre.**

_____

_____

❸ **Formuliere eine eigene Lehre zu Gellerts Fabel.**

_____

Hubert Aldus: Fabeln, Parabeln und Schwänke • Best.-Nr. 755 • © BVK Pädagogik Verlag GmbH, Augsburg

Lit | Lösung

Die ziemlich intelligente Fliege
(James G. Thurber)

❶ **Ordne den Tieren die unten stehenden Handlungen zu.**

> verzweifelter Befreiungsversuch – Nahrungsfang – Ratschläge ablehnen – Warnung

① die Spinne _____Nahrungsfang_____

② die ziemlich intelligente Fliege _____Ratschläge ablehnen_____

③ die Biene _____Warnung_____

④ die anderen Fliegen _____verzweifelter Befreiungssversuch_____

❷ **Die Handlungsabschnitte sind durcheinandergeraten. Ordne sie in der richtigen Reihenfolge von Nummer ① bis Nummer ⑦.**

- Die Spinne will die Fliege überreden, sich bei ihr auszuruhen. Nummer _3_
- Die Spinne webt ein Netz. Nummer _1_
- Die Biene warnt die Fliege. Nummer _5_
- Die Fliege sieht das Spinnennetz als Gefahr an. Nummer _4_
- Die Fliege schlägt die Warnung aus. Nummer _6_
- Die Fliege klebt fest. Nummer _7_
- Die Spinne frisst die gefangenen Fliegen. Nummer _2_

❸ **Welche Lehre könnte die Fabel vermitteln? Nur eine Antwort ist richtig. Kreuze an.**

- ☒ Nicht alles, was sicher aussieht, ist ungefährlich.
- ☐ Höre immer darauf, was andere dir raten.
- ☐ Wer anderen eine Grube gräbt, fällt selbst hinein.
- ☐ Wer den Schaden hat, braucht für den Spott nicht zu sorgen.
- ☐ Übung macht den Meister.
- ☐ Der Klügere gibt nach.

❹ **Was könnte die Biene gedacht haben, als die Fliege am Fliegenleim kleben blieb?**

Die Fliege ist wirklich dumm. Sie hat nicht auf meinen ernst gemeinten Ratschlag gehört. Wer nicht hören will, muss fühlen.

Das Pferd und die Bremse
(Christian Fürchtegott Gellert)

❶ **Fasse den Inhalt der Fabel in Gedichtform kurz zusammen.**

Ein prächtiger Schimmel unterschätzt die Möglichkeiten einer Bremse, ihn zu stechen. Auf eine abfällige Bemerkung hin wird er von jener so in den Mund gestochen wird, dass er stürzt, sich vor Schreck ein Bein bricht und wahrscheinlich getötet wird.

❷ **Gellert bringt am Ende seiner Fabel zwei Lehren. Erkläre.**

Man sollte selbst den Kleinsten nicht verachten, denn auch dieser ist in der Lage, sich auf seine Weise gegen Mächtige zu wehren. Wer nicht dein Freund ist, kann dir als Feind schaden.

❸ **Formuliere eine eigene Lehre zu Gellerts Fabel.**

Hochmut kommt vor dem Fall.

Hubert Albus: Fabeln, Parabeln und Schwänke • Best.-Nr. 755 • © Brigg Pädagogik Verlag GmbH, Augsburg

Lit | Name: _____ Datum: _____

Der Löwe und die Mücke
(Christian August Fischer)

❶ Gib den Inhalt der Fabel kurz wieder.

_____

_____

_____

_____

_____

❷ Ordne den drei Aussagen (1/2/3) die passenden Sprichwörter (A/B/C) zu.

① Als Kleiner kann man durchaus auch Größere und Stärkere besiegen. _____

② Um als Kleiner siegreich zu sein, braucht man Fantasie und Mut. _____

③ Mut darf aber nicht dazu führen, dass man leichtsinnig wird. _____

A Übermut tut selten gut.

B Auch Kleine können Stärke beweisen.

C Dem Mutigen gehört die Welt.

❸ Fischers Fabel entstand 1796. Auf welche Zeitereignisse bezieht er sich in seinem Schlusssatz? Erkläre dabei die Begriffe „Sansculotten" und „Carmagnolen".

_____

_____

_____

❹ In der Fabel sind die Großen z. B. der Löwe, der Stier, das Pferd und der Ochse; die Kleinen die Maus, die Mücke oder die Ameise. Wer ist damit im menschlichen Bereich gemeint?

_____

_____

Die Macht der Winzigkeit
(Wolfdietrich Schnurre)

❶ Was bedeutet die Überschrift?

_____

_____

❷ Warum wählt Schnurre den Begriff „gemächlich"? Erkläre.

_____

_____

❸ Setze die passenden Begriffe richtig in den Lückentext ein.

Schaden – Großen – besiegen – Kleine

Der _____ kann dem _____ _____ zufügen, ja ihn

schließlich sogar _____ .

Hubert Albus: Fabeln, Parabeln und Schwänke · Best.-Nr. 755 · © Brigg Pädagogik Verlag GmbH, Augsburg

Lit | Lösung

Der Löwe und die Mücke
(Christian August Fischer)

❶ **Gib den Inhalt der Fabel kurz wieder.**

In Fischers Fabel gibt sich der zuvor überheb-
liche Löwe im Kampf mit einer kleinen Stech-
mücke geschlagen, da er sie trotz Gebrüll und
Schlägen nicht erwischen kann.

❷ **Ordne den drei Aussagen (1/2/3) die passenden Sprichwörter (A/B/C) zu.**

  ① Als Kleiner kann man durchaus auch Größere und Stärkere besiegen.   *B*

  ② Um als Kleiner siegreich zu sein, braucht man Fantasie und Mut.   *C*

  ③ Mut darf aber nicht dazu führen, dass man leichtsinnig wird.   *A*

  A Übermut tut selten gut.

  B Auch Kleine können Stärke beweisen.

  C Dem Mutigen gehört die Welt.

❸ **Fischers Fabel entstand 1796. Auf welche Zeitereignisse be-**
zieht er sich in seinem Schlusssatz? Erkläre dabei die Begriffe
„Sansculotten" und „Carmagnolen".

Fischer bezieht sich auf die Französische Revolution von 1789. Die
Sansculotten (franz. „ohne Kniehose") aus der Unter- und Mittelschicht
von Paris waren die Machtbasis der Jakobiner. Die Carmagnolen sind
die Revolutionäre, die die Carmagnole singen und tanzen.

❹ **In der Fabel sind die Großen z. B. der Löwe, der Stier, das Pferd und der Ochse; die Kleinen**
die Maus, die Mücke oder die Ameise. Wer ist damit im menschlichen Bereich gemeint?

Die Großen: Kaiser, Könige, Adel, Oberschicht, Obrigkeit, Militärs, Staatsführung

Die Kleinen: Volk, Unter- und Mittelschicht, Rechtlose, Arme, Kranke, Unterdrückte

Die Macht der Winzigkeit
(Wolfdietrich Schnurre)

❶ **Was bedeutet die Überschrift?**

Selbst der Winzigste ist nicht wehrlos, wenn er mithilfe seiner Intelligenz seine Stärken erkennt
und richtig einsetzen kann.

❷ **Warum wählt Schnurre den Begriff „gemächlich"? Erkläre.**

„Gemächlich" bedeutet langsam, bedächtig, gelassen, ruhig, sachte. Die Mücke kann den Stier
ohne Eile stechen, denn er kann ihr nichts anhaben.

❸ **Setze die passenden Begriffe richtig in den Lückentext ein.**

Schaden – Großen – besiegen – Kleine

Der   *Kleine*   kann dem   *Großen*   *Schaden*   zufügen, ja ihn
schließlich sogar   *besiegen* .

Hubert Albus: Fabeln, Parabeln und Schwänke • Best.-Nr. 755 • © Brigg Pädagogik Verlag GmbH, Augsburg

Der propre Ganter (James G. Thurber)
Die Kaninchen, die an allem schuld waren (James G. Thurber)

Lerninhalte:

- Kennenlernen von zwei Fabeln mit ähnlicher Thematik
- Fähigkeit zur inhaltlichen Erschließung der beiden Fabeln
- Beurteilen der Moral der beiden Fabeln
- Übertragen der jeweiligen Lehre auf unsere Zeit

Arbeitsmittel / Medien:

- Arbeitsblatt
- Textblatt
- Bild 1 für die Tafel: Kaninchen
- Bild 2 für die Tafel: Wölfe
- Bild 3 für die Tafel: Das Gerücht
- Tafelbild 1: Die Kaninchen, die an allem schuld waren
- Tafelbild 2: Der propre Ganter
- Folie 1: Lösungsblatt zum Arbeitsblatt
- Folie 2: Ausspruch von Martin Niemöller

Tafelbild 1

Die Kaninchen, die an allem schuld waren
(James G. Thurber)

schwach, hilf- und wehrlos,
unkritisch, dumm

gemein, gewalttätig,
rücksichtslos, gerissen

Außenseiter, Sündenböcke   **Tyrannen, Machthaber**

Die Kaninchen erhalten keine Hilfe und werden getötet.

Tiere

gleichgültig, desinteressiert, machtlos, feige

Volk, Masse

Tafelbild 2

Der propre Ganter
(James G. Thurber)

Ganter ist mit seiner Familie
glücklich

altes Huhn missversteht „propre
Ganter" und hört „Propaganda"

Anfeindungen durch
- Hahn (Habichtfreund)
- Ente (Atheist, Fahnenhasser)
- Perlhuhn (Bombenwerfer)

Vertreibung des Ganters

Weber, A. Paul: Das Gerücht
© VG Bild-Kunst, Bonn 2011

Verlaufsskizze

I. Hinführung

Stummer Impuls	Bilder 1/2 (S. 78/79)	Kaninchen/Wölfe
Aussprache		Eigenschaften
Stummer Impuls	Tafel	Ganter
Aussprache		Ganter = männliche Gans
Überleitung		L: Die drei Tiere spielen in zwei Fabeln von James Thurber eine entscheidende Rolle.
Zielangabe	Tafel	Der propre Ganter/Die Kaninchen, die an allem schuld waren (James G. Thurber)

II. Textdarbietung

	Textblatt (S. 77)	Der propre Ganter/Die Kaninchen, die an allem schuld waren
Erlesen		
Kurze Aussprache		

III. Arbeit am Text

Erarbeitung mit Leitfragen und der Tafel	Tafelbild 1 (S. 75)	Die Kaninchen, die an allem schuld waren
	Tafelbild 2 (S. 75)	Der propre Ganter

IV. Wertung

Stummer Impuls	Bild 3 (S. 80)	Propaganda
		L: Bringe das Bild mit der Fabel „Der propre Ganter" in Verbindung.
Aussprache Leitfragen		Aussage der beiden Fabeln? Thurber meint mit seinen Tieren eigentlich Menschen. Wer ist der Ganter? Wer sind die Kaninchen, wer die Wölfe, wer die Tiere?
Aussprache Zusammenfassung		Es sind oftmals Unschuldige, Sündenböcke (Juden, Arbeitslose, Sinti), die den Anfeindungen anderer zumeist hilflos ausgeliefert sind. (Politische) Randgruppen können sich den Mächtigen nicht in den Weg stellen, sie müssen fliehen.
Impuls		L: Ein Gedicht von Martin Niemöller hat das gleiche Thema, kommt aber zu einer völlig anderen Aussage.

Folie 2

> Als die Nazis die Kommunisten holten, habe ich geschwiegen;
> ich war ja kein Kommunist.
> Als sie die Sozialdemokraten einsperrten, habe ich geschwiegen;
> ich war ja kein Sozialdemokrat.
> Als sie die Gewerkschafter holten, habe ich geschwiegen;
> ich war ja kein Gewerkschafter.
> Als sie die Juden holten, habe ich geschwiegen;
> ich war ja kein Jude.
> Als sie mich holten, gab es keinen mehr, der protestieren konnte.
>
> Martin Niemöller (1892–1984)

Aussprache

V. Sicherung

Zusammenfassung	Arbeitsblatt (S. 81)	Der propre Ganter/Die Kaninchen, die an allem schuld waren
Kontrolle (Lösungsblatt)	Folie 1 (S. 82)	

Hubert Albus: Fabeln, Parabeln und Schwänke · Best.-Nr. 755 · © Brigg Pädagogik Verlag GmbH, Augsburg

Der propre Ganter (James G. Thurber)
Die Kaninchen, die an allem schuld waren (James G. Thurber)

Der propre Ganter
(James G. Thurber)

Es war einmal – und sehr lange ist das noch gar nicht her – ein wunderschöner Ganter. Er war groß und stark, glatt und sauber und beschäftigte sich vorwiegend damit, für seine Frau und die Kinder zu singen. „Was für ein proprer Ganter", bemerkte jemand, der ihn singend im Hof auf und ab stolzieren sah. Das hörte eine alte Henne und sie erzählte es abends auf der Hühnerstange
5 ihrem Gemahl. „Von Propaganda war da die Rede", zischelte sie.
„Ich habe dem Burschen nie getraut", versetzte der Hahn und tags darauf ging er im Hof umher und sagte jedem, der es hören wollte, der schöne Ganter sei ein höchst gefährlicher Vogel, aller Wahrscheinlichkeit nach ein Habicht im Gänserichgewand.
Eine kleine braune Henne erinnerte sich, dass sie einmal von Weitem beobachtet hatte, wie der
10 Ganter im Walde mit einigen Habichten sprach. „Die führten irgendwas im Schilde", versicherte sie. Eine Ente berichtete, der Ganter habe einmal zu ihr gesagt, er glaube an gar nichts. „Und er hat auch gesagt, dass er Fahnen hasst", fügte die Ente hinzu. Ein Perlhuhn entsann sich, einmal gesehen zu haben, wie jemand, der dem Ganter auffallend ähnelte, etwas warf, was einer Bombe auffallend ähnelte. Schließlich bewaffneten sich alle mit Stöcken und Steinen und zogen vor des
15 Ganters Haus. Er stolzierte gerade im Vorgarten auf und ab und sang für Weib und Kinder. „Da ist er!", schrien alle. „Habichtfreund! Atheist! Fahnenhasser! Bombenwerfer!" Damit fielen sie über ihn her und jagten ihn aus dem Lande.
Moral: Jeder, den du und deine Frau für einen Landesverräter halten, ist selbstverständlich auch einer.

Die Kaninchen, die an allem schuld waren
(James G. Thurber)

Es war einmal – selbst die jüngsten Kinder erinnern sich noch daran – eine Kaninchenfamilie, die unweit von einem Rudel Wölfe lebte. Die Wölfe erklärten immer wieder, dass ihnen die Lebensweise der Kaninchen ganz und gar nicht gefalle. (Von ihrer eigenen Lebensweise waren die Wölfe begeistert, denn das war die einzig richtige.) Eines Nachts fanden mehrere Wölfe bei einem Erdbeben
5 den Tod, und die Schuld daran wurde den Kaninchen zugeschoben, die ja, wie jedermann weiß, mit ihren Hinterbeinen auf den Erdboden hämmern und dadurch Erdbeben verursachen. In einer anderen Nacht wurde einer der Wölfe vom Blitz erschlagen, und schuld daran waren wieder die Kaninchen, die ja, wie jedermann weiß, Salatfresser sind und dadurch Blitze verursachen. Die Wölfe drohten, die Kaninchen zu zivilisieren, wenn sie sich nicht besser benähmen, und die Kaninchen
10 beschlossen, auf eine einsame Insel zu flüchten.
Die anderen Tiere aber, die weit entfernt wohnten, redeten den Kaninchen ins Gewissen. Sie sagten: „Ihr müsst eure Tapferkeit beweisen, indem ihr bleibt, wo ihr seid. Dies ist keine Welt für Ausreißer. Wenn die Wölfe euch angreifen, werden wir euch zu Hilfe eilen – höchstwahrscheinlich jedenfalls."
So lebten denn die Kaninchen weiterhin in der Nachbarschaft der Wölfe. Eines Tages kam eine
15 schreckliche Überschwemmung, und viele Wölfe ertranken. Daran waren die Kaninchen schuld, die ja, wie jedermann weiß, Mohrrübenknabberer mit langen Ohren sind und dadurch Überschwemmungen verursachen. Die Wölfe fielen über die Kaninchen her – natürlich um ihnen zu helfen – und sperrten sie in eine finstere Höhle – natürlich um sie zu schützen.
Wochenlang hörte man nichts von den Kaninchen, und schließlich fragten die anderen Tiere bei
20 den Wölfen an, was mit ihren Nachbarn geschehen sei. Die Wölfe erwiderten, die Kaninchen seien gefressen worden, und da sie gefressen worden seien, handle es sich um eine rein innere Angelegenheit. Die anderen Tiere drohten jedoch, sich unter Umständen gegen die Wölfe zusammenzuschließen, wenn die Vernichtung der Kaninchen nicht irgendwie begründet würde. Also gaben die Wölfe einen Grund an.
25 „Sie versuchten auszureißen", sagten die Wölfe, „und wie ihr wisst, ist dies keine Welt für Ausreißer."
Moral: Laufe – nein, galoppiere schnurstracks zur nächsten einsamen Insel.

Hubert Albus: Fabeln, Parabeln und Schwänke • Best.-Nr. 755 • © Brigg Pädagogik Verlag GmbH, Augsburg

Hubert Albus: Fabeln, Parabeln und Schwänke • Best.-Nr. 755 • © Brigg Pädagogik Verlag GmbH, Augsburg

| Lit | Name: _____ | Datum: _____ |

Der propre Ganter
(James G. Thurber)

❶ Erkläre die Überschrift der Fabel.

_____

_____

❷ „Der propre Ganter" wird von einer alten Henne missverstanden. Was versteht sie? Erkläre das Wort.

_____

_____

_____

_____

❸ Was wird dem Ganter daraufhin alles unterstellt? Folge?

_____

_____

❹ „Übersetze" die am Ende stehende Lehre von James G. Thurber.

_____

_____

_____

Die Kaninchen, die an allem schuld waren
(James G. Thurber)

❶ Finde passende Eigenschaften zu den in der Fabel vorkommenden Tieren. Übertrage dann die Tierfiguren auf den menschlichen Bereich.

① Kaninchen: _____ ⇨ _____

② Wölfe: _____ ⇨ _____

③ Tiere: _____ ⇨ _____

❷ Was wird den Kaninchen von den Wölfen zur Last gelegt?

_____

_____

❸ Was geschieht am Ende der Fabel?

_____

_____

❹ Was will James G. Thurber mit seiner Lehre ausdrücken?

_____

_____

_____

❺ Ergänze die zwei auf diese Fabel passenden Sprichwörter.

① Es kann der _____ nicht in Frieden leben, wenn es dem bösen _____ nicht gefällt. (Friedrich Schiller)

② Das V_____ der Unschuldigen ist des L_____ mächtigstes Werkzeug. (Stephen King)

Lit | Lösung

Der propre Ganter
(James G. Thurber)

❶ Erkläre die Überschrift der Fabel.

Ein Ganter ist eine männliche Gans (Gänserich, Gän-
ser). Proper heißt sauber, ordentlich, akkurat.

❷ „Der propre Ganter" wird von einer alten Henne missverstanden. Was versteht sie? Erkläre das Wort.

Die alte Henne versteht anstatt „propre Ganter" das Wort „Propaganda". Es bedeutet die syste-
matische Verbreitung politischer, weltanschaulicher Ideen und Meinungen, um das allgemeine
Bewusstsein zu beeinflussen.

❸ Was wird dem Ganter daraufhin alles unterstellt? Folge?

Ihm wird vom Hahn unterstellt, er sei ein Habichtfreund, von der Henne, er sei Atheist und Fah-
nenhasser, vom Perlhuhn, er sei ein Bombenwerfer. Er wird von den Tieren davongejagt.

❹ „Übersetze" die am Ende stehende Lehre von James G. Thurber.

Gerüchte und Propaganda sind mit Vorsicht zu genießen und kritisch zu betrachten. Die Lehre
Thurbers steckt voller Sarkasmus und Ironie und darf nicht wörtlich genommen werden.

Die Kaninchen, die an allem schuld waren
(James G. Thurber)

❶ Finde passende Eigenschaften zu den in der Fabel vorkommenden Tieren. Übertrage dann die Tierfiguren auf den menschlichen Bereich.

① Kaninchen: *schwach, hilf- und wehrlos, unkritisch, dumm* ⇨ *Außenseiter, Sündenböcke*

② Wölfe: *gemein, gewalttätig, rücksichtslos, gerissen* ⇨ *Tyrannen, Machthaber*

③ Tiere: *gleichgültig, desinteressiert, machtlos, feige* ⇨ *Volk, Masse*

❷ Was wird den Kaninchen von den Wölfen zur Last gelegt?

Sie erzeugen mit ihren Hinterbeinen Erdbeben, verursachen als Salatfresser Blitze und als
Mohrrübenknabberer mit ihren langen Ohren Überschwemmungen.

❸ Was geschieht am Ende der Fabel?

Die Kaninchen werden von den Wölfen getötet und aufgefressen. Die Wölfe begründen den
Tod der Kaninchen den anderen Tieren gegenüber: Sie versuchten auszureißen.

❹ Was will James G. Thurber mit seiner Lehre ausdrücken?

Sündenböcke (Juden, Arbeitslose, Sinti) sind den Anfeindungen
anderer oft hilflos ausgeliefert. (Politische) Randgruppen können
sich den Mächtigen nicht in den Weg stellen, sie müssen fliehen.

❺ Ergänze die zwei auf diese Fabel passenden Sprichwörter.

① Es kann der ___*Frömmste*___ nicht in Frieden leben, wenn
es dem bösen ___*Nachbarn*___ nicht gefällt. (Friedrich Schiller)

② Das V*ertrauen*___ der Unschuldigen ist des L*ügners*___
mächtigstes Werkzeug. (Stephen King)

Politik (Wolfdietrich Schnurre)
Kleine Fabel (Franz Kafka)
Das Ende der Fabeln (Reiner Kunze)

Lerninhalte:

- Kennenlernen von drei modernen Fabeln
- Fähigkeit zur inhaltlichen Erschließung der drei Fabeln
- Herausfinden der Aussage der drei Fabeln
- Fähigkeit zum Transfer des Gehalts der drei Fabeln auf unsere heutige Lebenssituation
- Kennenlernen der Autorenporträts

Arbeitsmittel / Medien:

- Arbeitsblatt
- Textblatt
- Tafelbild: Politik (W. Schnurre)
- Folie 1: Lösungsblatt zum Arbeitsblatt
- Folie 2: Autorenporträts
- Wortkarten: Fuchs / Gans / Politik / bei Tauwetter? / bei Frost?

Tafelbild

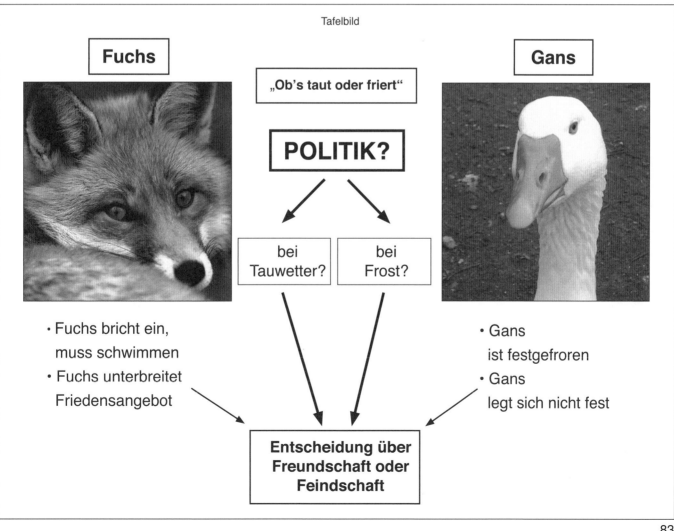

Fuchs

„Ob's taut oder friert"

POLITIK?

bei Tauwetter?

bei Frost?

Gans

- Fuchs bricht ein, muss schwimmen
- Fuchs unterbreitet Friedensangebot

- Gans ist festgefroren
- Gans legt sich nicht fest

Entscheidung über Freundschaft oder Feindschaft

Verlaufsskizze

I. Hinführung

Stummer Impuls	Tafel	Moderne Fabeln
Aussprache		
Überleitung		L: Wir lernen heute drei moderne Fabeln kennen.
Zielangabe	Tafel	Politik (W. Schnurre)/Kleine Fabel (F. Kafka)/ Das Ende der Fabeln (R. Kunze)

II. Textdarbietung

	Textblatt (S. 85)	Politik (W. Schnurre)/Kleine Fabel (F. Kafka)/ Das Ende der Fabeln (R. Kunze)
Erlesen		
Spontanäußerungen		

III. Arbeit an den Texten

Stilles Lesen		Politik (Wolfdietrich Schnurre)
Stummer Impuls	Wortkarten	Gans – Fuchs
Impuls		L: Erzähle kurz den Inhalt von Schnurres Fabel „Politik".
Aussprache/Ergebnis		Eine Gans ist auf dem Eis festgefroren. Ein Fuchs möchte sie in ihrer hilflosen Situation fressen, bricht jedoch ein. Im Angesicht der gefährlichen Situation bittet er die Gans um Beilegung ihrer Feindschaft, worauf die Gans mit dem Satz reagiert: „Kommt darauf an, ob's taut oder friert.
Stummer Impuls	Tafelanschrift	Tauwetter – Frost
		L: Wer hat Vorteile, wer Nachteile?
Aussprache		
Stummer Impuls	Wortkarte	Politik
		L: Warum wählt Schnurre die Überschrift „Politik"?
Aussprache		
Zusammenfassung	Tafelbild (S. 83)	
Stilles Lesen		Kleine Fabel (Franz Kafka)
Arbeitsauftrag		L: Der Titel stammt von Max Brod, Freund und Herausgeber von Kafkas Werken. Inhalt?
Zusammenfassung		Die Maus hat Angst aufgrund der Weite um sie herum, sie sucht nach Begrenzung. Deshalb ist sie glücklich, als sie Mauern sieht. Aber diese Begrenzungen engen ihre Freiheit immer mehr ein, sie führen, zunächst das Gefühl von Sicherheit gebend, zu immer größerer Fesselung bis hin zum Verderben.
Stilles Lesen		Das Ende der Fabeln (Reiner Kunze)
Aussprache		

IV. Wertung

Leitfrage		L: Welche Intention haben moderne Fabeldichter?
Aussprache		• Schnurre nimmt die Politik und die Gesellschaft kritisch unter die Lupe.
		• Kafka zeigt die Sinnlosigkeit unserer Welt und die Ohnmacht des Einzelnen, der den paradoxen Mühlen des Staates hilflos ausgeliefert ist.
		• Kunze prangert die Zensur des Staates an, der die Freiheit der Meinungsäußerung unmöglich macht.

V. Sicherung

Zusammenfassung	Arbeitsblatt (S. 87)	Politik/Kleine Fabel/Das Ende der Fabeln
Kontrolle (Lösungsblatt)	Folie 1 (S. 88)	
Exkurs	Folie 2 (S. 86)	Autorenporträts

Politik (Wolfdietrich Schnurre)
Kleine Fabel (Franz Kafka)
Das Ende der Fabeln (Reiner Kunze)

Politik
(Wolfdietrich Schnurre)

Eine Gans war über Nacht auf dem Eis festgefroren.
Das sah der Fuchs, und er schlich, sich die Schnauze leckend, hinüber. Dicht vor ihr jedoch brach er ein, und es blieb ihm nichts weiter übrig, als sich schwimmend über Wasser zu halten.
„Weißt du was", schnaufte er schließlich, „begraben wir unsere Feindschaft, vertragen wir uns."
5 Die Gans zuckte die Schulter. „Kommt darauf an." „Ja, aber worauf denn!", keuchte der Fuchs.
„Ob's taut oder friert", sagte die Gans.

Kleine Fabel
(Franz Kafka)

„Ach", sagte die Maus, „die Welt wird enger mit jedem Tag. Zuerst war sie so breit, dass ich Angst hatte, ich lief weiter und war glücklich, dass ich endlich rechts und links in der Ferne Mauern sah, aber diese langen Mauern eilen so schnell aufeinander zu, dass ich schon im letzten Zimmer bin, und dort im Winkel steht die Falle, in die ich laufe."
5 „Du musst nur die Laufrichtung ändern", sagte die Katze und fraß sie.

Das Ende der Fabeln
(Reiner Kunze)

Es war einmal ein fuchs ...
beginnt der hahn
eine fabel zu dichten

Da merkt er
5 so geht's nicht
denn hört der fuchs die fabeln
wird er ihn holen

Es war einmal ein bauer ...
beginnt der hahn
10 eine fabel zu dichten

Da merkt er
so geht's nicht
denn hört der bauer die fabel
wird er ihn schlachten.

15 Es war einmal – – –

Schau hin, schau her
Nun gibt's keine fabeln mehr.

Franz Kafka

Franz Kafka wurde 3. Juli 1883 in Prag als Sohn des Kaufmanns Hermann Kafka geboren. Kafka war jüdischer Abstammung und gehörte zu den zehn Prozent der Bevölkerung Prags, die Deutsch sprachen.

1901 bis 1906 studierte er Germanistik und Jura in Prag. 1906 promovierte er zum Dr. jur. Dann folgte eine kurze Praktikantenzeit am Landesgericht Prag. 1908 bis 1917 war er als Angestellter einer Versicherungsgesellschaft tätig, später in einer Arbeiter-Unfall-Versicherung. 1917 erkrankte Kafka an Tuberkulose, was ihn 1922 zur Aufgabe des Berufes zwang.

Kafka fühlte sich als einsamer und unverstandener Einzelgänger, nur mit

Max Brod und Franz Werfel verband ihn Freundschaft. Bekannt war er auch mit Martin Buber und Johannes Urzidil.

In den Sommermonaten der Jahre 1910 bis 1912 führten ihn Reisen und Kuraufenthalte nach Italien, Frankreich, Deutschland, Ungarn und in die Schweiz. Sein Verhältnis zu Frauen war schwierig und problematisch. Zweimal verlobte er sich 1914 und löste diese Verbindungen wieder. 1920 bis 1922 quälte ihn eine unerfüllte Liebe zu Milena Jesenska, was zahlreiche erhaltene Briefe dokumentieren. Seit 1923 lebte er mit Dora Dymant zusammen als freier Schriftsteller in Berlin und Wien, zuletzt im Sanatorium Kierlang bei Wien, wo er am 3. Juni 1924 an Kehlkopftuberkulose starb.

Sein literarischer Nachlass, den er testamentarisch zur Verbrennung bestimmt hatte, wurde posthum gegen seinen Willen von Max Brod veröffentlicht. Sein Hauptwerk bilden neben drei Romanen bzw. Romanfragmenten *Der Process*, *Das Schloss* und *Der Verschollene* sowie zahlreiche Erzählungen. Seither zählen sie zum unbestrittenen Kanon der Weltliteratur mit vielfältigen, anhaltenden Wirkungen.

Projekt Gutenberg © Spiegel online 2011

Reiner Kunze

Reiner Kunze wurde am 16. August 1933 in Oelsnitz im Erzgebirge geboren. Er war Sohn eines Bergarbeiters. 1951 bis 1955 studierte er Philosophie und Journalistik an der Universität Leipzig. Von 1955 bis 1959 arbeitete er dort als wissenschaftlicher Assistent mit Lehrauftrag. Aus politischen Gründen erfolgte der Abbruch der Universitätslaufbahn und Kunze nahm eine Arbeit als Hilfsschlosser an. Seit 1962 ist er freiberuflicher Schriftsteller. 1976 erfolgte der Ausschluss aus dem Schriftstellerverband der DDR. 1977 siedelte er in die Bundesrepublik Deutschland über. 1988/89 war er als Gastdozent für Poetik an den Universitäten München und Würzburg tätig.

2006 gründete er die Reiner und Elisabeth Kunze-Stiftung. Er ist Mitglied vieler Akademien und Institutionen und wurde mit zahlreichen Literaturpreisen bedacht.

Reiner Kunze wohnt heute in Obernzell-Erlau bei Passau.

Nach: www.reiner-kunze.com

Wolfdietrich Schnurre

(s. S. 68)

Lit | Name: _____ | Datum: _____

Politik
(Wolfdietrich Schnurre)

❶ **Die Fabel weist zwei Wendepunkte auf. Finde die Textstellen.**

① _____

② _____

❷ **Welche Konsequenzen haben Tauwetter bzw. Frost für die Gans und den Fuchs?**

_____

_____

_____

❸ **Warum wählt Schnurre die Überschrift „Politik"?**

_____

_____

_____

_____

Kleine Fabel
(Franz Kafka)

❶ **Kennzeichne die beiden Antagonisten.**

_____

_____

❷ **Was ist das Dilemma der Maus?**

_____

_____

_____

❸ **Welche für uns bedeutsame Aussage steckt in Kafkas Fabel?**

_____

_____

_____

_____

_____

Das Ende der Fabeln
(Reiner Kunze)

❶ **Was möchte der Hahn schreiben? Warum tut er es nicht?**

_____

❷ **Finde einige Merkmale moderner Fabeln.**

_____

_____

Lit | Lösung

Politik
(Wolfdietrich Schnurre)

❶ **Die Fabel weist zwei Wendepunkte auf. Finde die Textstellen.**

① *Dicht vor ihr (Gans) jedoch brach er (Fuchs) ein ...*

② *Die Gans zuckte die Schulter.*

❷ **Welche Konsequenzen haben Tauwetter bzw. Frost für die Gans und den Fuchs?**

Wenn es tauen würde, würde sich die Gans in Sicherheit bringen, da sie besser schwimmen kann. Würde es gefrieren, würde sie auf das Friedensangebot des Fuchses eingehen. Ob bei Frost der Fuchs seine Friedensbereitschaft einhalten würde, bleibt mehr als ungewiss.

❸ **Warum wählt Schnurre die Überschrift „Politik"?**

Die Situation stellt Fuchs und Gans auf eine Stufe, beide sind handlungsunfähig. Für beide bleibt nur das Schließen eines Kompromisses übrig, wie das auf politischer Bühne oft der Fall ist. Mit diplomatischen Mitteln soll ein Konflikt gelöst werden. Allerdings sind allzu voreilige und vertrauensselige Entscheidungen nicht sinnvoll und nur selten von Vorteil.

Kleine Fabel
(Franz Kafka)

❶ **Kennzeichne die beiden Antagonisten.**

Maus: ängstlich, hilflos, klein, konfus, orientierungslos

Katze: selbstbewusst, überlegen, stark, gewalttätig, ironisch

❷ **Was ist das Dilemma der Maus?**

Die Maus möchte für ihr Leben Sicherheit. Die Sicherheit entpuppt sich aber als Trugbild. Die von der Katze angedachte Lösung kann von der Maus nicht mehr umgesetzt werden. Denn die Katze frisst die Maus.

❸ **Welche für uns bedeutsame Aussage steckt in Kafkas Fabel?**

Die Angst der Maus ist übertragen menschliche Angst, die Angst vor der richtungslosen Weite, die Angst vor dem uns in Sackgassen führenden Leben, aus denen uns Helfer herauslotsen wollen. Diese aber sind wiederum „Sackgassen" beziehungsweise Mausefallen. Kafka gibt uns zu verstehen, dass es hier keinen Weg zurück und keinen nach vorne gibt. Überall stehen Fallen. Wohin wir uns auch wenden, wir laufen ins Verderben, bewegen uns auf den Abgrund zu.

Das Ende der Fabeln
(Reiner Kunze)

❶ **Was möchte der Hahn schreiben? Warum tut er es nicht?**

Der Hahn möchte eine Fabel schreiben, aber er traut sich nicht, denn er weiß inzwischen, wie seine Kontrahenten reagieren.

❷ **Finde einige Merkmale moderner Fabeln.**

Sie sind zumeist sehr kurz, besitzen oft keine Lehre und keinen Dialog, sind ironisierend und parodierend. Der Übergang zur Parabel (Gleichniserzählung) ist fließend.

Merkmale einer Parabel

Lerninhalte:

- Erwerben von Kenntnissen über den Aufbau von Parabeln
- Erwerben von Kenntnissen über die Merkmale von Parabeln
- Erkennen bekannter Parabeln (Gleichnisse) anhand von Bildern
- Verbale Umsetzung und Entschlüsselung von Bildern (Kafka: Die Verwandlung/Der Prozess)
- Kenntnis der Problematik von Parabeln

Arbeitsmittel / Medien:

- Arbeitsblatt 1: Über die Parabel
- Arbeitsblatt 2: Merkmale von Parabeln
- Bild 1 für die Tafel: Gleichnis von Lazarus und dem Reichen (Bibel, Neues Testament)
- Bild 2 für die Tafel: Die Verwandlung (Kafka)
- Folie 1: Vier Bilder zu Gleichnissen Jesu (Bibel, Neues Testament)
- Folie 2: Sechs Bilder (Kafka: Die Verwandlung)/zwei Bilder (Kafka: Der Prozess)
- Folie 3: Lösungsblatt zum Arbeitsblatt 2

Folie 1

Kupferstiche von Jan Luyken (1649–1712)

❶ Das Gleichnis vom Senfkorn
❷ Das Gleichnis von den vergrabenen Talenten
❸ Das Gleichnis vom verlorenen Schaf
❹ Das Gleichnis vom verlorenen Sohn

Verlaufsskizze

I. Hinführung

Stummer Impuls	Bild 1 (S. 92)	Gleichnis: Lazarus und der Reiche
Aussprache		
Lehrerinformation	Tafel	Gleichnis, Nebeneinanderstellung = parabolé (griechisch)
Aussprache		
Zielangabe	Tafel	Aufbau und Merkmale von Parabeln

II. Erarbeitung

Impuls		L: Die vier Bilder zeigen dir Gleichnisse aus dem Neuen Testament.
	Folie 1 (S. 89)	
Aussprache		① Das Gleichnis vom Senfkorn
		② Das Gleichnis von den vergrabenen Talenten
		③ Das Gleichnis vom verlorenen Schaf
		④ Das Gleichnis vom verlorenen Sohn
	Infoblatt (S. 91)	Über die Parabel
Erlesen des Textes		
Unterstreichen wichtiger Passagen		

III. Wertung

Impuls		L: Untersuchung der Merkmale der Parabel am Beispiel von einigen Bildern.
Stummer Impuls	Bild 2 (S. 94)	Die Verwandlung (Franz Kafka)
Aussprache		
Lehrerinformation		Gregor Samsa – in ein riesiges Insekt verwandelt – steht am Fenster.
Stummer Impuls	Folie 2 (S. 93)	Die Verwandlung (Franz Kafka): sechs Bilder Der Prozess (Franz Kafka): zwei Bilder
Aussprache mit Lehrerinformation		

IV. Sicherung

Zusammenfassung	Arbeitsblatt (S. 95)	Merkmale von Parabeln
Kontrolle (Lösungsblatt)	Folie 3 (S. 96)	

Hubert Albus: Fabeln, Parabeln und Schwänke · Best.-Nr. 755 · © Brigg Pädagogik Verlag GmbH, Augsburg

| **Lit** | Name: _____ | Datum: _____ |

Über die Parabel

Das Wort „Parabel" stammt von dem griechischen Wort „parabolé" und bedeutet so viel wie „das Nebeneinanderwerfen", „Gleichnis", „Vergleich". Die Parabel aber ist eine Gleichniserzählung. Sie verfolgt den Zweck, eine im Bild veranschaulichte Erkenntnis (Bildebene) auf die Erkenntnis selbst zu übertragen (Sachebene/Sinnebene).

Innerhalb der Bildebene finden sich bei der Parabel keine eindeutig zu entschlüsselnden Informationen. Während in der Fabel die Betrachter über das Geschehen nachdenken und eine Moral entwickeln sollen, verschlüsselt die Parabel den Inhalt nicht. Sie will jemanden von der vertretenen Meinung überzeugen. Die Beziehungen zwischen Bild- und Sachebene müssen durch Assoziationen erschlossen werden, denn die Parabel ist differenzierter, komplexer und zugleich offener. Für den Leser ergeben sich von daher oft verschiedene Deutungsmöglichkeiten.

Die literarische Tradition der Parabel ist im Vergleich zur Fabel weit weniger kontinuierlich und breit. Sie tritt nur selten als isolierte epische Form auf, dagegen findet man sie häufig als gleichnishafte Episode in eine epische, dramatische oder pragmatische Großform eingebettet. Dies gilt zum Beispiel für die Gleichniserzählungen des Neuen Testaments wie das *Gleichnis vom verlorenen Sohn* oder das *Gleichnis vom barmherzigen Samariter* bis hin zur Ringparabel in Lessings Drama *Nathan der Weise*.

Die Parabel ist besonders gut geeignet, den Leser zu aktivieren und in ihm verschiedene Erkenntnisprozesse zu initiieren. Brechts Parabelstücke, wie zum Beispiel die Geschichten von Herrn Keuner, werden so zum reflektierten Medium über das Verhalten in der Gesellschaft. Mit Franz Kafkas Parabelerzählungen dagegen wird die Zweideutigkeit, die mit dieser Form verbunden ist, zur prinzipiellen Unabschließbarkeit des Gleichnisses gesteigert. Ein einziger Sinn oder eine einzige schlüssige Interpretation lässt sich kaum mehr ermitteln. Der Sinn der Parabel selbst ist in der Entfremdung einer grotesken Gesellschaft zu suchen.

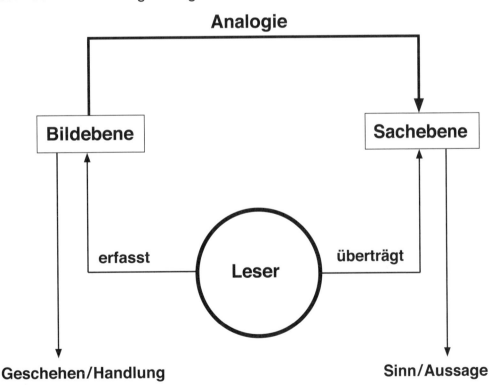

Die parabolische Struktur erlaubt es dem Leser, von der Bildebene auf die Sinn- oder Gedankenebene zu schließen und aus dem Geschilderten Analogieschlüsse auf seine eigene Wirklichkeit zu ziehen. So vermag die Parabel über ihren unmittelbaren gegenständlichen und situativen Bezug hinauszuweisen und ihren Gehalt auf einer abstrakteren gedanklichen Stufe zu entfalten.

Lazarus und der Reiche. Illustration: Gustave Doré

Hubert Albus · Fabeln, Parabeln und Schwänke · Best.-Nr. 755 · © Brigg Pädagogik Verlag GmbH, Augsburg

❶ Gregor Samsa erwacht und findet sich in seinem Bett zu einem ungeheuren Ungeziefer verwandelt.

❷ Die Mutter wird vor Entsetzen ohnmächtig, die Schwester ist erschüttert.

❸ Der Vater bombardiert Gregor mit Äpfeln.

❹ Es bleibt Gregor nur die Erinnerung an die Freiheit, indem er aus dem Fenster schaut.

❺ Gregor muss beim Essen der Familie draußen bleiben.

❻ Gregor Samsa ist krepiert – endlich ist die Familie von dieser Last befreit.

Die Verwandlung. Sechs kolorierte Federzeichnungen von Carl Otto Bartning (1909–1983)

❶ Die Verhaftung   ❷ Die Hinrichtung

Der Prozess. Zwei kolorierte Federzeichnungen von Carl Otto Bartning (1909–1983)

Die Verwandlung. Illustration von Martin Linnartz

Lit | Name: _____ | Datum: _____

Merkmale von Parabeln

Sie sind k_____ und prägnant.

Sie verlangen vom Leser Transferleistungen in Form von A_____.

Sie vermitteln eine allgemeine W_____.

Sie sind l_____ und aufklärerisch.

Sie sind g_____- hafte Beispielgeschichten.

Sie berichten über einen Einzelfall von allgemeinem I_____ oder über etwas U_____.

Sie weisen einen B_____- und einen S_____ auf.

Sie besitzen D_____ zum Leser, dem Nichtwissenden.

Sie veranschaulichen a_____ Gedanken.

Sie sind a_____- thetisch angelegt.

Sie haben einen engen Bezug zu G_____, F_____ und A_____ (bildliche Darstellung eines Gedankens bzw. eines Begriffs).

❶ **Welche Intention hat der Verfasser von Parabeln?**

_____

_____

_____

❷ **Welche Aufgabe hat der Leser zu bewältigen?**

_____

_____

_____

_____

Lit | Lösung

Merkmale von Parabeln

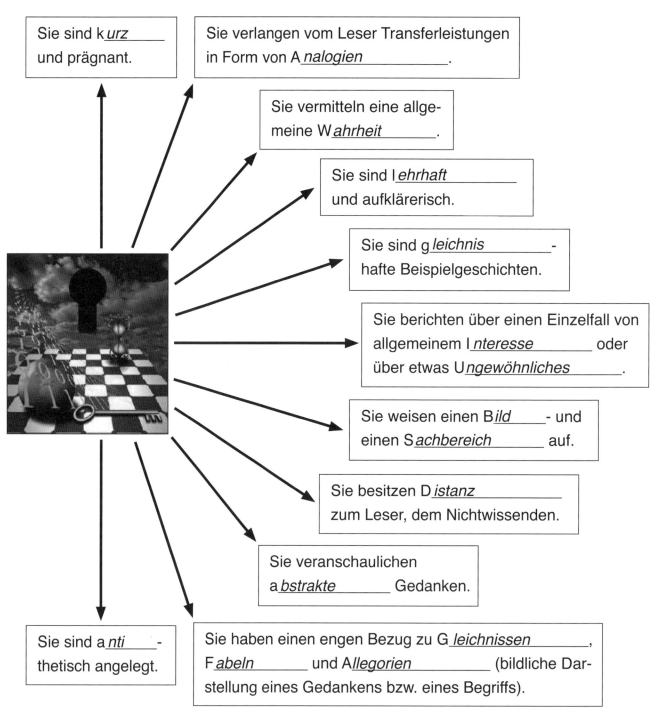

Sie sind k _urz_ und prägnant.

Sie verlangen vom Leser Transferleistungen in Form von A _nalogien_ .

Sie vermitteln eine allgemeine W _ahrheit_ .

Sie sind l _ehrhaft_ und aufklärerisch.

Sie sind g _leichnis_ - hafte Beispielgeschichten.

Sie berichten über einen Einzelfall von allgemeinem I _nteresse_ oder über etwas U _ngewöhnliches_ .

Sie weisen einen B _ild_ - und einen S _achbereich_ auf.

Sie besitzen D _istanz_ zum Leser, dem Nichtwissenden.

Sie veranschaulichen a _bstrakte_ Gedanken.

Sie sind a _nti_ - thetisch angelegt.

Sie haben einen engen Bezug zu G _leichnissen_ , F _abeln_ und A _llegorien_ (bildliche Darstellung eines Gedankens bzw. eines Begriffs).

❶ Welche Intention hat der Verfasser von Parabeln?
Der Verfasser will beim Leser eine Erkenntniserweiterung durch Wahrnehmung, Lernen, Erinnern und Denken erreichen. Neben diesen kognitiven Aspekten sind emotionale und pragmatische Gesichtspunkte wichtig, um beim Leser eine Verhaltensänderung anzubahnen.

❷ Welche Aufgabe hat der Leser zu bewältigen?
Der Leser muss bei Parabeln fähig sein, durch Analogien den Bildbereich zu entschlüsseln. Anschließend sollte ein Transfer auf die Realität erfolgen, die u. U. mit einer Verhaltensänderung einhergeht.

Hubert Albus · Fabeln, Parabeln und Schwänke · Best.-Nr. 755 · © Brigg Pädagogik Verlag GmbH, Augsburg

Meine Freunde
(Louis Bromfield)

Lerninhalte:

- Kennenlernen der Parabel von Louis Bromfield
- Wissen um die Schlusspointe
- Erkennen des Freundschaftsbildes, das von Bromfield angesprochen wird
- Herausfinden, wen Bromfield mit seiner Parabel kritisieren will
- Kennenlernen der Kurzbiografie von Bromfield

Arbeitsmittel / Medien:

- Arbeitsblatt
- Folie 1: Zwei Freundinnen
- Folie 2: Autorenporträt
- Folie 3: Parabeltext: Meine Freunde / Lösungsblatt zum Arbeitsblatt

Folie 1

Kinderfreundschaft. de.academic.ru

Folie 2

Louis Bromfield

Er wurde am 27. Dezember 1896 in Mansfield im Bundesstaat Ohio geboren. Nach einem Studium der Landwirtschaft, studierte er Philosophie und Literatur an der Columbia-Universität, deren Ehrendoktor er auch wurde. Am Ersten Weltkrieg nahm er in Frankreich als Soldat teil. Zurück in den USA war er nach dem Krieg als Lektor und Dramaturg und als Musik- und Theaterkritiker tätig. Er erhielt 1927 den Pulitzer-Preis für Early Autumn. Bromfield starb am 18. März 1956 in Columbus in Ohio.

Verlaufsskizze

I. Hinführung

Stummer Impuls	Tafel	Freundschaft
Aussprache		
Stummer Impuls	Folie 1 (S. 97)	Zwei Mädchen
Aussprache		
Überleitung		L: In einem kurzen Text geht es auch um Freunde.
Zielangabe	Tafel	Meine Freunde (Louis Bromfield)
Kurze Information	Folie 2 (S. 97)	Louis Bromfield

II. Textdarbietung

	Folie 3 (S. 100)	Meine Freunde (Louis Bromfield)
Erlesen		
Kurze Aussprache		

III. Arbeit am Text

Impuls		L: Erkläre das Wort „sympathisch".
Aussprache		
Arbeitsauftrag		L: Suche andere Wörter für „sympathisch"?
Partnerarbeit		
Zusammenfassung	Tafel	angenehm, einnehmend, freundlich, gefällig, liebenswürdig, anziehend, menschlich, anmutig
Leitfragen		① Welche Rolle spielt eine andere Nationalität für eine Freundschaft?
		② Welche Eigenschaften sind für dich wichtig, wenn es um deine Freunde geht?
Aussprache		

IV. Wertung

Leitfragen		③ Was ist für Louis Bromfield wichtig?
		④ Wem erteilt er eine deutliche Absage?
Aussprache		
Ergebnis		zu ③ Freundschaft ohne Vorurteile
		zu ④ Rechtsradikalismus mit seinem übersteigertem Nationalgefühl, einhergehend mit einer Aversion gegen Ausländer

V. Sicherung

Zusammenfassung	Arbeitsblatt (S. 99)	Meine Freunde (Louis Bromfield)
Kontrolle (Lösungsblatt)	Folie 3 (S. 100)	
Abschließendes Lesen		Meine Freunde (Louis Bromfield)

Lit | Name: _____ | Datum: _____

Meine Freunde
(Louis Bromfield)

> Zwei Männer saßen in einer Bar. Der eine fragte den anderen:
> „Sind Ihnen die Amerikaner sympathisch?"
> „Nein", antwortete der zweite Mann mit Nachdruck.
> „Sind Ihnen die Franzosen sympathisch?", wollte der Erste weiter wissen.
> 5 „Nein", entgegnete der andere mit gleicher Entschiedenheit.
> „Die Engländer?"
> „Nein."
> „Die Russen?"
> „Nein."
> 10 „Die Deutschen?"
> „Nein."
> Eine Pause trat ein, der erste Mann hob sein Glas an den Mund und fragte schließlich:
> „Wer ist Ihnen denn sympathisch?"
> „Meine Freunde", kam ohne Zögern die Antwort.

❶ Wie ist die Parabel sprachlich aufgebaut?

_____

_____

_____

_____

_____

❷ Suche andere Wörter für „sympathisch".

_____

_____

❸ Können Freunde auch eine andere Nationalität besitzen?

_____

_____

_____

❹ Welche Charaktereigenschaften sind für dich wichtig, wenn es um deine Freunde geht?

_____

_____

_____

❺ Wem erteilt Bromfield eine deutliche Absage? Was will der Autor aussagen?

_____

_____

_____

_____

_____

_____

Lit | Lösung

Meine Freunde
(Louis Bromfield)

Zwei Männer saßen in einer Bar. Der eine fragte den anderen:
„Sind Ihnen die Amerikaner sympathisch?"
„Nein", antwortete der zweite Mann mit Nachdruck.
„Sind Ihnen die Franzosen sympathisch?", wollte der Erste weiter wissen.
5 „Nein", entgegnete der andere mit gleicher Entschiedenheit.
„Die Engländer?"
„Nein."
„Die Russen?"
„Nein."
10 „Die Deutschen?"
„Nein."
Eine Pause trat ein, der erste Mann hob sein Glas an den Mund und fragte schließlich:
„Wer ist Ihnen denn sympathisch?"
„Meine Freunde", kam ohne Zögern die Antwort.

❶ Wie ist die Parabel sprachlich aufgebaut?

Die ersten beiden Fragen und Antworten sind syntaktisch komplett, dann folgen elliptische Fragen und Antworten. Die letzte Frage mit der Antwort in der Schlusspointe ist wieder vollständig.

❷ Suche andere Wörter für „sympathisch".

angenehm, einnehmend, freundlich, gefällig, liebenswürdig, anziehend, menschlich, anmutig

❸ Können Freunde auch eine andere Nationalität besitzen?

Selbstverständlich können Freunde eine andere Nationalität besitzen. In der Schule sind Freundschaften zwischen deutschen und ausländischen Kindern und Jugendlichen, die hier schon geboren oder erst zugewandert sind, schon fast an der Tagesordnung.

❹ Welche Charaktereigenschaften sind für dich wichtig, wenn es um deine Freunde geht?

Meine Freunde sollten zu mir ehrlich sein. Außerdem ist für mich wichtig, dass sie keine Angeber und Chaoten sind. Schön wäre es auch, wenn sie beim Spielen gute und kreative Ideen haben und keine „Null-Bock"-Einstellung an den Tag legen.

❺ Wem erteilt Bromfield eine deutliche Absage? Was will der Autor aussagen?

Bromfield erteilt in seiner Parabel dem übersteigerten, hasserfüllten und intoleranten Nationalismus eine klare Absage. Bromfield spricht sich für zwischenmenschliche Beziehungen aus, in denen nationale Beschränkungen keine Rolle spielen. Deutschland gehört nicht den Deutschen allein, wie es stupide rechtsradikale Parolen zur Schau stellen.

Der hilflose Knabe (Bertolt Brecht)
Maßnahmen gegen die Gewalt (Bertolt Brecht)

Lerninhalte:

- Kennenlernen von zwei „Keunergeschichten" Brechts
- Erfassen des Inhalts der beiden Parabeln
- Beurteilen der Haltung des Knaben und des Erwachsenen
- Beurteilen des Verhaltens von Herrn Keuner in Brechts Parabel „Maßnahmen gegen die Gewalt"
- Erfassen der Aussage Brechts in beiden Parabeln

Arbeitsmittel / Medien:

- Arbeitsblatt
- Textblatt
- Folie 1: Bildimpuls „Gewalt"
- Folie 2: Formen der Gewalt
- Folie 3: Lösungsblatt zum Arbeitsblatt
- Folie 4: Autorenporträt

Folie 4

Bertolt Brecht

Er wurde am 10. Februar 1898 in Augsburg als Sohn eines Fabrikdirektors geboren. Schon als Schüler schrieb er Gedichte. Im Jahr 1917, nach seinem Abitur an dem städtischen Realgymnasium in Augsburg, studierte er Literatur und Philosophie, später auch Medizin in München.

Gegen Ende des Ersten Weltkrieges wurde Brecht als Sanitäter eingesetzt. Aufgrund der Inhumanität der Kämpfe wurde er zum vehementen Kriegsgegner. Von 1919 bis 1923 setzt er sein Studium fort und wurde 1923 Dramaturg und Regisseur an den Münchner Kammerspielen, 1924 am Deutschen Theater. 1920 hatte er schon über 200 Gedichte und Prosastücke veröffentlicht. 1922 wurde Brecht der Kleist-Preis verliehen. Im selben Jahr heiratete er Marianne Zoff und seine Tochter Hanne wurde geboren. Ab 1924 lebte er als freier Schriftsteller in Berlin und entwickelte sich dort zum überzeugten Kommunisten. Fünf Jahre nach seiner Hochzeit mit Marianne Zoff ließ Brecht sich 1927 scheiden. 1928 schrieb er „Die Dreigroschenoper", deren Uraufführung am 31. August stattfand und ein Welterfolg wurde. Ein Jahr später heiratete er die Schauspielerin Helene Weigel, die ihm 1930 einen Sohn namens Stefan gebar. Brecht floh 1933 mit seiner Familie vor dem Naziregime von Deutschland über Österreich, Schweiz, Frankreich, Dänemark, Schweden, Finnland und der Sowjetunion in die USA, nach Kalifornien. Währenddessen fanden öffentliche Verbrennungen der Bücher Brechts durch die Nationalsozialisten statt, da er für einen Kommunisten gehalten wurde und Intellektuelle allgemein verfolgt wurden. Er schaffte es, seine Verwandten in Deutschland vor den Nazis zu schützen. Diese Exiljahre waren eine Schaffensperiode, in der er viele bedeutende Stücke schrieb. 1947 kehrte er aufgrund seines Misserfolges in Hollywood in die Schweiz zurück. Ein Jahr später nahm Brecht das Angebot des SED-Regimes an, Intendant eines eigenen Theaters, des Berliner Ensembles zu werden. Zusammen mit seiner Frau Helene Weigel gelangte er mit seinen Inszenierungen zu Weltruhm. Brecht erhielt etliche Auszeichnungen des DDR-Regimes. Ab 1950 war Brecht Mitglied der Akademie der Künste in Ostberlin. 1954 wurde ihm der Stalinfriedenspreis verliehen. Am 14. August 1956 starb Bertolt Brecht in Berlin an den Folgen eines Herzinfarkts.

Verlaufsskizze

I. Hinführung

Stummer Impuls	Folie 1 (S. 104)	Ein Junge sprüht das Wort „Gewalt" an eine Wand.
Aussprache		
Überleitung		L: In zwei Parabeln von Bertolt Brecht werden wir mit dem Thema „Gewalt" konfrontiert.
Zielangabe		Der hilflose Knabe/Maßnahmen gegen die Gewalt (Bertolt Brecht)
Vermutungen		

II. Textdarbietung

	Textblatt (S. 103)	Der hilflose Knabe/Maßnahmen gegen die Gewalt (Bertolt Brecht)
Erlesen		
Spontanäußerungen		

III. Arbeit am Text

Stilles Lesen		Der hilflose Knabe
Leitfrage		L: Beurteile das Verhalten des Knaben und des Erwachsenen.
Aussprache		
Stilles Lesen		Maßnahmen gegen die Gewalt
Leitfrage		L: Warum sagt Herr Egge nicht gleich zu Beginn „nein"?
Aussprache		
Ergebnis		Folgen wie Zwang, Unterdrückung und Tod

IV. Wertung

Leitfragen		Ist die Haltung von Herrn Keuner nachvollziehbar? Teilst du sie? Ist es sinnvoll, für seine Überzeugung als Held zu sterben? Oder ist es besser, seine Überzeugung nicht zu äußern, kein „Rückgrat" zu haben, aber dafür zu überleben?
Aussprache		
Ergebnis		Oft ist es klug, sogar sinnvoll, in Zwangslagen vor der Gewalt zurückzuweichen. Lüge und List sind Möglichkeiten, die Gewalt zu bekämpfen. Ein Nichthandeln ist auch schon eine Maßnahme gegen die Gewalt, weil sich „die Gewalt von selbst totläuft".
		L: Gewalt zeigt sich in vielen Formen.
Impuls		
Aussprache		
Stummer Impuls	Folie 2 (S. 104)	Formen der Gewalt
Erlesen		
Aussprache		
Leitfrage		L: Was kann man gegen die einzelnen Formen der Gewalt unternehmen?
Diskussion		

V. Sicherung

Zusammenfassung	Arbeitsblatt (S. 105)	Der hilflose Knabe/Maßnahmen gegen die Gewalt (Bertolt Brecht)
Kontrolle (Lösungsblatt)	Folie 3 (S. 106)	
Exkurs	Folie 4 (S. 101)	Autorenporträt (Bertolt Brecht)
Abschließendes Lesen		Der hilflose Knabe/Maßnahmen gegen die Gewalt (Bertolt Brecht)

Der hilflose Knabe (Bertolt Brecht)
Maßnahmen gegen die Gewalt (Bertolt Becht)

Der hilflose Knabe
(Bertolt Brecht)

Herr K. sprach über die Unart, erlittenes Unrecht stillschweigend in sich hineinzufressen, und erzählte folgende Geschichte:

Einen vor sich hin weinenden Jungen fragte ein Vorübergehender nach dem Grund seines Kummers. „Ich hatte zwei Groschen für das Kino beisammen", sagte der Knabe, „da kam
5 ein Junge und riß mir einen aus der Hand", und er zeigte auf einen Jungen, der in einiger Entfernung zu sehen war.

„Hast du denn nicht um Hilfe geschrien?", fragte der Mann.

„Doch", sagte der Junge und schluchzte ein wenig stärker.

„Hat dich niemand gehört?", fragte ihn der Mann weiter, ihn liebevoll streichelnd.

10 „Nein", schluchzte der Junge.

„Kannst du denn nicht lauter schreien?", fragte der Mann.

„Nein", sagte der Junge und blickte ihn mit neuer Hoffnung an. Denn der Mann lächelte.

„Dann gib auch den her", sagte er, nahm ihm den letzten Groschen aus der Hand und ging unbekümmert weiter.

Maßnahmen gegen die Gewalt
(Bertolt Brecht)

Als Herr Keuner, der Denkende, sich in einem Saale vor vielen gegen die Gewalt aussprach, merkte er, wie die Leute vor ihm zurückwichen und weggingen. Er blickte sich um und sah hinter sich stehen – die Gewalt.

„Was sagtest du?", fragte ihn die Gewalt.

5 „Ich sprach mich für die Gewalt aus", antwortete Herr Keuner.

Als Herr Keuner weggegangen war, fragten ihn seine Schüler nach seinem Rückgrat. Herr Keuner antwortete: „Ich habe kein Rückgrat zum Zerschlagen. Gerade ich muß länger leben als die Gewalt."

Und Herr Keuner erzählte folgende Geschichte:

10 In die Wohnung des Herrn Egge, der gelernt hatte, nein zu sagen, kam eines Tages in der Zeit der Illegalität ein Agent, der zeigte einen Schein vor, welcher ausgestellt war im Namen derer, die die Stadt beherrschten, und auf dem stand, daß ihm gehören soll jede Wohnung, in die er seinen Fuß setzte, ebenso sollte ihm auch jedes Essen gehören, das er verlange; ebenso sollte ihm auch jeder Mann dienen, den er sähe.

15 Der Agent setzte sich in einen Stuhl, verlangte Essen, wusch sich, legte sich nieder und fragte mit dem Gesicht zur Wand vor dem Einschlafen: „Wirst du mir dienen?"

Herr Egge deckte ihn mit einer Decke zu, vertrieb die Fliegen, bewachte seinen Schlaf, und wie an diesem Tage gehorchte er ihm sieben Jahre lang. Aber was immer er für ihn tat, eines zu tun hütete er sich wohl: das war, ein Wort zu sagen.

20 Als nun die sieben Jahre herum waren und der Agent dick geworden war vom vielen Essen, Schlafen und Befehlen, starb der Agent.

Da wickelte ihn Herr Egge in die verdorbene Decke, schleifte ihn aus dem Haus, wusch das Lager, tünchte die Wände, atmete auf und antwortete: „Nein."

Foto: dpa/Marcus Führer

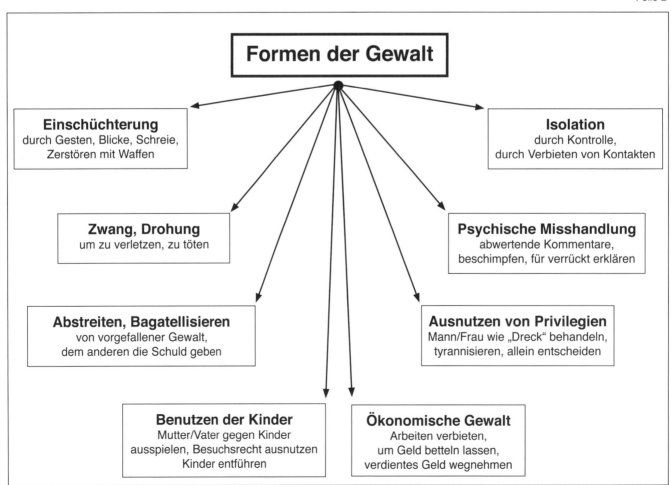

Formen der Gewalt

Einschüchterung
durch Gesten, Blicke, Schreie,
Zerstören mit Waffen

Isolation
durch Kontrolle,
durch Verbieten von Kontakten

Zwang, Drohung
um zu verletzen, zu töten

Psychische Misshandlung
abwertende Kommentare,
beschimpfen, für verrückt erklären

Abstreiten, Bagatellisieren
von vorgefallener Gewalt,
dem anderen die Schuld geben

Ausnutzen von Privilegien
Mann/Frau wie „Dreck" behandeln,
tyrannisieren, allein entscheiden

Benutzen der Kinder
Mutter/Vater gegen Kinder
ausspielen, Besuchsrecht ausnutzen
Kinder entführen

Ökonomische Gewalt
Arbeiten verbieten,
um Geld betteln lassen,
verdientes Geld wegnehmen

| Lit | Name: _____ | Datum: _____ | |

Der hilflose Knabe
(Bertolt Brecht)

❶ Wie wirkt diese Parabel auf dich?

_____

_____

❷ Wofür steht der Knabe, wofür der scheinbar freundliche Erwachsene?

_____

_____

_____

_____

❸ Was möchte Brecht mit seiner Parabel aussagen?

_____

_____

Maßnahmen gegen die Gewalt
(Bertolt Brecht)

Der Begriff „Keuner" kommt aus dem Griechischen „ko-inós" und bedeutet „das Allgemeine, alle Betreffende".

❶ Wie stellt Brecht die Gewalt dar?

_____

_____

❷ Welche Position nimmt Herr Keuner ein, wenn es um die Gewalt geht?

_____

_____

❸ Wie begründet Herr Keuner sein Verhalten der Gewalt gegenüber?

_____

_____

_____

❹ Gib kurz den Inhalt der Binnengeschichte wieder.

_____

_____

❺ Was will Brecht mit dieser Parabel aussagen?

_____

_____

_____

_____

_____

_____

Weber, A. Paul: Rückgrat raus © VG Bild-Kunst, Bonn 2011

Lit | Lösung

Der hilflose Knabe
(Bertolt Brecht)

❶ Wie wirkt diese Parabel auf dich?

Das Leid des hilflosen Jungen macht mich traurig und wütend zugleich, weil er sich nicht wehrt und alles mit sich geschehen lässt. Erschütternd ist die Unverfrorenheit des Mannes.

❷ Wofür steht der Knabe, wofür der scheinbar freundliche Erwachsene?

Der Knabe steht stellvertretend für die Ohnmacht, Unterdrückung und Ausbeutung des rechtlosen Volkes. Minderheiten werden nicht beachtet, das Individuum ist nichts wert. Der Mächtige, Starke und Gerissene profitiert, weil er scham- und skrupellos seine Ellenbogen einsetzt und die Hilflosigkeit des Schwachen ausnützt.

❸ Was möchte Brecht mit seiner Parabel aussagen?

Dem „Recht des Stärkeren" in autoritären und totalitären Systemen hat der Einzelne nur sehr wenig entgegenzusetzen, er ist der Willkür der Staatsorgane hilflos ausgeliefert.

Maßnahmen gegen die Gewalt
(Bertolt Brecht)

Der Begriff „Keuner" kommt aus dem Griechischen „koinós" und bedeutet „das Allgemeine, alle Betreffende".

❶ Wie stellt Brecht die Gewalt dar?

Brecht personifiziert die Gewalt, in der Rahmengeschichte wie in der Binnengeschichte (Agent).

❷ Welche Position nimmt Herr Keuner ein, wenn es um die Gewalt geht?

Herr Keuner spricht sich gegen die Gewalt aus. Als die Gewalt greifbar vor ihm steht, befürwortet Herr Keuner die Gewalt.

❸ Wie begründet Herr Keuner sein Verhalten der Gewalt gegenüber?

Im Anblick der Gewalt wendet sich Herr Keuner, der Denkende, nicht gegen diese. Es ist für ihn die einzig angemessene Möglichkeit zu überleben. Er gibt vor, kein Rückgrat zu haben, damit es ihm nicht zerschlagen wird, denn er will länger leben als die Gewalt.

❹ Gib kurz den Inhalt der Binnengeschichte wieder.

Ein Agent als Repräsentant der Gewalt fragt Herrn Egge, ob er ihm dienen wolle. Der Gefragte tut dies wortlos sieben Jahre lang, um nach dem Tod des Agenten „Nein!" zu sagen.

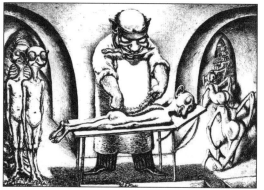

❺ Was will Brecht mit dieser Parabel aussagen?

Brecht deutet eine Möglichkeit an, Gewalt und Terror zu überwinden. Sich nicht zu wehren, überlegt und sinnvoll handeln, um am Leben zu bleiben – das will Brecht aufzeigen. Das Problem von willkürlichem Machtmissbrauch und Unterwerfung wird erst mit dem Scheitern einer Diktatur gelöst. Erst dann kommt das Humane wieder zum Vorschein.

Weber, A. Paul: Rückgrat raus © VG Bild-Kunst, Bonn 2011

Hubert Albus: Fabeln, Parabeln und Schwänke • Best.-Nr. 755 • © Brigg Pädagogik Verlag GmbH, Augsburg

Skorpion
(Christa Reinig)

Lerninhalte:

- Kennenlernen einer Parabel von Christa Reinig
- Herausfinden der Gegensätze Skorpion–Mitmenschen
- Herausfinden, warum es am Schluss der Parabel zur Katastrophe kommt
- Wissen um die bittere Pointe, in der durch Verfremdung die Wendung ins Irreale erfolgt
- Erkennen, dass massiver Druck der Gesellschaft die personale Selbstentfaltung verhindert
- Erkennen der Vorurteile der Gesellschaft, wenn es um das äußere Erscheinungsbild geht

Arbeitsmittel / Medien:

- Arbeitsblatt
- Textblatt
- Folie 1: Skorpion
- Folie 2: Lösungsblatt zum Arbeitsblatt
- Folie 3: Autorenporträt

Folie 1

Der Skorpion. Zeichnung von T. F. Zimmermann

Verlaufsskizze

I. Hinführung

Stummer Impuls	Folie 1 (S. 107)	Skorpion
Aussprache		
Überleitung		L: Wir lernen eine Parabel kennen, die mit diesem Titel überschrieben ist.
Zielangabe	Tafel	Skorpion (Christa Reinig)

II. Textdarbietung

	Textblatt (S. 109)	Skorpion (Christa Reinig)
Erlesen		
Spontanäußerungen		

III. Arbeit am Text

Impuls — L: Fasse den Inhalt kurz zusammen.

Aussprache

Arbeitsaufgaben

① Welche äußeren Merkmale hat die Hauptperson?
② Wie werden diese Merkmale durch die Gesellschaft ins Negative verkehrt?
③ Was versucht die Hauptperson daraufhin?
④ Finde die fünf Situationen, in welchen der „Skorpion" sich moralisch tadellos verhält.

Gruppenarbeit
Zusammenfassung

L: Inwiefern wird der Hauptperson ihr spontanes Verhalten in der sechsten Situation zum Verhängnis?

Aussprache

V. Wertung

Leitfragen

Wo erhält die Parabel ihre Wendung ins Irreale und Paradoxe?
Was will Christa Reinig mit ihrer Parabel aussagen?
Sind wir Menschen alle „Skorpione"?

Aussprache

V. Sicherung

Zusammenfassung	Arbeitsblatt (S. 111)	Skorpion (Christa Reinig)
Kontrolle (Lösungsblatt)	Folie 2 (S. 112)	
Exkurs	Folie 3 (S. 110)	Autorenporträt (Christa Reinig)
Abschließendes Lesen		Skorpion (Christa Reinig)

Hubert Albus · Fabeln, Parabeln und Schwänke · Best.-Nr. 755 · © Brigg Pädagogik Verlag GmbH, Augsburg

Skorpion (Christa Reinig)

Er war sanftmütig und freundlich. Seine Augen standen dicht beeinander. Das bedeutete Hinterlist. Seine Brauen stießen über der Nase zusammen. Das bedeutete Jähzorn. Seine Nase war lang und spitz. Das bedeutete unstillbare Neugier. Seine Ohrläppchen waren angewachsen. Das bedeutete Hang zum Verbrechertum. Warum gehst du nicht unter die
5 Leute? fragte man ihn. Er besah sich im Spiegel und bemerkte einen grausamen Zug um seinen Mund. Ich bin kein guter Mensch, sagte er. Er verbohrte sich in seine Bücher. Als er sie alle ausgelesen hatte, musste er unter die Leute, sich ein neues Buch kaufen gehn. Hoffentlich gibt es kein Unheil, dachte er und ging unter die Leute. Eine Frau sprach ihn an und bat ihn, ihr einen Geldschein zu wechseln. Da sie sehr kurzsichtig war, musste sie
10 mehrmals hin- und zurücktauschen. Der Skorpion dachte an seine Augen, die dicht beeinanderstanden und verzichtete darauf, sein Geld hinterlistig zu verdoppeln. In der Straßenbahn trat ihm ein Fremder auf die Füße und beschimpfte ihn in einer fremden Sprache. Der Skorpion dachte an seine zusammengewachsenen Augenbrauen und ließ das Geschimpfe, das er ja nicht verstand, als Bitte um Entschuldigung gelten. Er stieg aus und vor ihm lag eine
15 Brieftasche auf der Straße. Der Skorpion dachte an seine Nase und bückte sich nicht und drehte sich auch nicht um. In der Buchhandlung fand er ein Buch, das hätte er gern gehabt. Aber es war zu teuer. Es hätte gut in seine Manteltasche gepasst. Der Skorpion dachte an seine Ohrläppchen und stellte das Buch ins Regal zurück. Er nahm ein anderes. Als er es bezahlen wollte, klagte ein Bücherfreund: Das ist das Buch, das ich seit Jahren suche. Jetzt
20 kauft's mir ein anderer weg. Der Skorpion dachte an den grausamen Zug um seinen Mund und sagte: Nehmen Sie das Buch. Ich trete zurück. Der Bücherfreund weinte fast. Er presste das Buch mit beiden Händen an sein Herz und ging davon. Das war ein guter Kunde, sagte der Buchhändler, aber für Sie ist auch noch was da. Er zog aus dem Regal das Buch, das der Skorpion so gern gehabt hätte. Der Skorpion winkte ab: Das kann ich mir nicht leisten. –
25 Doch, Sie können, sagte der Buchhändler, eine Liebe ist der anderen wert. Machen Sie den Preis. Der Skorpion weinte fast. Er presste das Buch mit beiden Händen fest an sein Herz, und, da er nichts mehr frei hatte, reichte er dem Buchhändler zum Abschied seinen Stachel. Der Buchhändler drückte den Stachel und fiel tot um.

Christa Reinig

Sie wurde am 6. August 1926 in Berlin als Tochter der ledigen Putzhilfe Wilhelmine Reinig geboren. Sie wuchs in ärmlichen Verhältnissen im Osten Berlins auf, war im Zweiten Weltkrieg Fabrikarbeiterin und anschließend Trümmerfrau und Blumenbinderin. Nach dem Besuch von Abendkursen legte sie das Abitur ab und studierte von 1950 bis 1953 an einer Arbeiter- und Bauern-Fakultät, danach bis 1957 Kunstgeschichte und Archäologie an der Humboldt-Universität in Ost-Berlin. Von 1957 bis 1964 arbeitete sie als wissenschaftliche Assistentin am Märkischen Museum.

Bereits in den 1940er-Jahren hatte Reinig mit dem Schreiben begonnen. Sie war Mitarbeiterin der Ostberliner satirischen Zeitschrift *Eulenspiegel* und konnte in der DDR einige literarische Beiträge veröffentlichen. Wegen ihrer nonkonformistischen Haltung gegenüber jeglicher Autorität erging jedoch bereits 1951 ein Publikationsverbot der DDR-Behörden gegen sie, sodass ihre Werke bereits in den 50er-Jahren ausschließlich in westdeutschen Verlagen erschienen. Kurz nach dem Tod ihrer Mutter kehrte sie 1964 von der Reise anlässlich der Entgegennahme des Bremer Literaturpreises nicht wieder in die DDR zurück und lebte seither in München. Christa Reinig schrieb zunächst weiter balladenhafte Gedichte in kantigem Stil, daneben aber auch Liebeslyrik, Prosa und Hörspiele. Nachdem sie sich in den 70er-Jahren öffentlich zu ihrer lesbischen Orientierung bekannt hatte, stand der kämpferische Feminismus in ihrem Werk im Vordergrund, häufig durchsetzt mit Satire und schwarzem Humor. 1971 verschlimmerte ein schwerer Treppensturz Christa Reinigs Bechterew-Leiden (eine Rheuma-Erkrankung), sodass sie mit einer schmalen Schwerbehinderten-Rente auskommen musste. Reinig lebte zuletzt in einem Spital in München, wo sie am 30. September 2008 starb.

Reinig war Mitglied im P.E.N.-Zentrum Deutschland und in der Bayerischen Akademie der Schönen Künste in München. Zahlreiche Auszeichnungen und Ehrungen begleiteten ihr Leben, so 1964 der Bremer Literaturpreis, 1965 das Villa-Massimo-Stipendium, 1968 der Hörspielpreis der Kriegsblinden, 1969 der Tukanpreis der Stadt München, 1973 die Ehrengabe der Bayerischen Akademie der Schönen Künste und 1975 der Deutscher Kritikerpreis. 1976 erhielt Christa Reinig das Bundesverdienstkreuz am Bande. Weitere Auszeichnungen folgten, so 1984 der Preis der SWR-Bestenliste, 1993 der Roswitha-Preis der Stadt Bad Gandersheim, 1999 der Brandenburgischer Literaturpreis und 2003 die Kester-Haeusler-Ehrengabe der Deutschen Schillerstiftung.

Lit | Name: _____ | Datum: _____

Skorpion
(Christa Reinig)

In der Parabel versucht ein Mensch, der von sich selbst das Bild eines Skorpions hat, mit den damit verbundenen negativen Gefühlen fertig zu werden. Reaktionen der Gesellschaft deutet er immer als Reaktion auf sein Skorpion-Sein.

❶ Die Parabel lässt sich in drei Sinnabschnitte einteilen.

① _____

_____

② _____

_____

③ _____

_____

❷ Vier Merkmale der Hauptperson in Bezug auf ihre Physiognomie werden durch die Vorurteile der Gesellschaft ins Negative verkehrt.

äußere Merkmale		Vorurteile der Mitmenschen
① _____	⇨	_____
② _____	⇨	_____
③ _____	⇨	_____
④ _____	⇨	_____

❸ Was ist die Folge dieser Sichtweise? Was versucht der „Skorpion" daraufhin?

_____

_____

❹ In welchen fünf Situationen versucht die Hauptperson, ein vom üblichen Verhalten abweichendes, moralisch einwandfreies Verhalten zu zeigen?

Situation		„Skorpion"		Gesellschaft
① _____	⇨	_____	⇔	_____
② _____	⇨	_____	⇔	_____
③ _____	⇨	_____	⇔	_____
④ _____	⇨	_____	⇔	_____
⑤ _____	⇨	_____	⇔	_____

❺ In der sechsten und letzten Situation kommt es am Schluss der Parabel zur Katastrophe. Beschreibe kurz und finde mögliche Ursachen heraus.

_____

_____

_____

❻ Was will Christa Reinig mit ihrer Parabel aussagen?

_____

_____

_____

Lit | Lösung

Skorpion
(Christa Reinig)

In der Parabel versucht ein Mensch, der von sich selbst das Bild eines Skorpions hat, mit den damit verbundenen negativen Gefühlen fertig zu werden. Reaktionen der Gesellschaft deutet er immer als Reaktion auf sein Skorpion-Sein.

❶ Die Parabel lässt sich in drei Sinnabschnitte einteilen.

① *Der „Skorpion" schottet sich von der Öffentlichkeit ab. Er glaubt, dass die Gesellschaft aufgrund seines Aussehens ein klischeehaftes, negatives Bild seiner Person entwirft.*

② *Weil die Hauptperson neue Bücher braucht, ist sie gezwungen, die Isolation aufzugeben. „Draußen" versucht der „Skorpion", das negative Bild seiner Person zu widerlegen.*

③ *Der Buchhändler würdigt dieses moralisch gute Verhalten. Der „Skorpion" ist dadurch so verwirrt, dass er sein Gegenüber durch eine spontane Aktion versehentlich tötet.*

❷ Vier Merkmale der Hauptperson in Bezug auf ihre Physiognomie werden durch die Vorurteile der Gesellschaft ins Negative verkehrt.

äußere Merkmale		Vorurteile der Mitmenschen
① *Augen stehen dicht beieinander*	⇨	*Hinterlist*
② *Augenbrauen stoßen über der Nase zusammen*	⇨	*Jähzorn*
③ *Nase ist lang und spitz*	⇨	*unstillbare Neugier*
④ *Ohrläppchen sind angewachsen*	⇨	*Hang zum Verbrechertum*

❸ Was ist die Folge dieser Sichtweise? Was versucht der „Skorpion" daraufhin?

Die Probe vor dem Spiegel nach negativer Selbsteinschätzung ruft eine massive Identitätskrise hervor. Trotzdem will er in der Öffentlichkeit zeigen, dass er ein moralisch guter Mensch ist.

❹ In welchen fünf Situationen versucht die Hauptperson, ein vom üblichen Verhalten abweichendes, moralisch einwandfreies Verhalten zu zeigen?

Situation		„Skorpion"		Gesellschaft
① *Geldwechsel (alte Frau)*	⇨	*verzichtet auf Hinterlist/Betrug*	⇔	*betrügen*
② *Beschimpfung durch Mann*	⇨	*versteht Bitte um Entschuldigung*	⇔	*nichts gefallen lassen*
③ *Brieftasche auf der Straße*	⇨	*lässt sie liegen, gehört ihm nicht*	⇔	*aufheben, behalten*
④ *Anreiz zum Buchdiebstahl*	⇨	*verzichtet, bleibt ehrlich*	⇔	*stehlen*
⑤ *Entdeckung eines guten Buches*	⇨	*verzichtet, rücksichtsvoll*	⇔	*egoistisch sein*

❺ In der sechsten und letzten Situation kommt es am Schluss der Parabel zur Katastrophe. Beschreibe kurz und finde mögliche Ursachen heraus.

Hier handelt die Hauptperson zum ersten Mal frei und emotional. Er presst das wertvolle Buch mit beiden Händen an seine Brust. Doch das Wagnis der eigenen Spontanität wird dem Buchhändler zum Verhängnis, der „Skorpion" wird unschuldig schuldig. Er tötet den einzigen Menschen, der ihm freundlich gesinnt ist.

❻ Was will Christa Reinig mit ihrer Parabel aussagen?

Christa Reinig zeigt die Problematik der menschlichen Selbstfindung in einer von Vorurteilen geprägten, inhumanen Gesellschaft, die keine ehrlichen und offenen Emotionen zulässt. Vielmehr besteht die Gefahr, negative Verhaltensmuster der Außenwelt anzunehmen, die sich dann als eine konkret tödliche Waffe erweisen können. Jeder trägt den Stachel eines Skorpions in sich.

Armer und reicher Teufel
(Ernst Bloch)

Lerninhalte:

- Kennenlernen von Ernst Blochs Parabel
- Beurteilen der Hauptperson der Parabel
- Erkennen des teuflichen Experiments des Reichen
- Erkennen und Beurteilen der Gegensätze von „arm" und „reich"
- Beurteilen des Gerichtsurteils
- Nachdenken über die Überschrift der Parabel

Arbeitsmittel / Medien:

- Arbeitsblatt
- Textblatt
- Folie 1: Der „Arme" (Bergarbeiter) / Der „Reiche" (Amerikaner)
- Folie 2: Lösungsblatt zum Arbeitsblatt
- Folie 3: Autorenporträt

Folie 3

Ernst Bloch

Er wurde am 8. Juli 1885 in Ludwigshafen als Sohn des jüdischen Beamten Max Bloch geboren. Nach dreijährigem Studium in München und Würzburg promovierte er dort 1908 und arbeitete bis 1914 als Publizist und Privatlehrer in Heidelberg und Berlin, später auch in München, wo er sich mit seiner Frau Else von Stritzky, die er 1913 geheiratet hatte, niederließ. Aufgrund kritischer Äußerungen zur deutschen Politik während des Ersten Weltkrieges musste er 1917 in die Schweiz emigrieren.

1919 kehrte er nach Deutschland zurück. Nach dem Tod seine Frau Else 1921 heiratete Bloch die jüdische Architektin Karola Piotrkowska, die ihm einen Sohn gebar. Mit Beginn der Machtergreifung 1933 durch die Nationalsozialisten emigrierte Bloch nach Paris. Von 1936 bis 1938 hielt er sich in der Tschechoslowakei auf und begab sich schließlich in die Vereinigten Staaten von Amerika, wo er bis 1948 blieb.

Nach dem Zweiten Weltkrieg nach Deutschland zurückgekehrt, erhielt er in Leipzig eine Professur und unterrichtete dort Philosophie. Ab 1954 arbeitete er an seinem Hauptwerk „Das Prinzip Hoffnung", das er 1959 veröffentlichte. Zugleich war er Herausgeber

der „Deutschen Zeitschrift für Philosophie". Da er öffentlich Kritik am Regime der DDR übte, wurde Bloch die Professur entzogen. Nach einer Vortragsreise in die Bundesrepublik blieb er mit seiner Frau 1961 im Westen. Dort erhielt er an der Universität Tübingen eine Gastprofessur.

Zahlreiche Ehrungen folgten in den nächsten Jahren, so 1964 der „Kulturpreis des Deutschen Gewerkschaftsbundes" und 1967 der „Friedenspreis des deutschen Buchhandels". Er erhielt den Ehrendoktortitel von den Universitäten Zagreb (1969), Paris (1975) und Tübingen (1975). Im gleichen Jahr wurde er zum Ehrenmitglied der Akademie der Künste ernannt und mit dem „Sigmund-Freud-Preis für wissenschaftliche Prosa" ausgezeichnet. Ernst Bloch starb am 4. August 1977 in Tübingen.

Verlaufsskizze

I. Hinführung

Stummer Impuls	Folie 1 (S. 116)	Arbeiter (Bergmann)/Erfolgsmensch (Milliardär)
Aussprache		Bergmann, schwer arbeitend, nicht wohlhabend; vielleicht erfolgreicher Manager, hat Geld
Stummer Impuls	Tafel	arm ⇔ reich
Aussprache		
Überleitung		L: Eine 1930 erschienene Parabel von Ernst Bloch ist mit „Armer und reicher Teufel" überschrieben. Wir werden diese Parabel jetzt kennenlernen.
Zielangabe	Tafel	Armer und reicher Teufel (Ernst Bloch)
Vermutungen		

II. Textdarbietung

	Textblatt (S. 115)	Armer und reicher Teufel (Ernst Bloch)
Erlesen		
Spontanäußerungen		

III. Arbeit am Text

		L: Fasse den Inhalt kurz zusammen.
Aussprache		
Aufgaben zur Partnerarbeit		① Was meinst du zu den ersten drei Sätzen?
		② Wie erscheint dem Bergarbeiter das Leben nach seiner dreijährigen Weltreise? Textstellen?
		③ Warum erschießt der Arbeiter seinen Wohltäter?
Partnerarbeit		
Zusammenfassung		

V. Wertung

Leitfragen/Aussprache		① Warum erfindet der Reiche dieses teuflische Experiment?
		② Was meinst du zum Freispruch des Gerichts?
Ergebnis	Tafel	Freispruch trotz eines Mordes? Der Richtspruch entspricht der Sichtweise des Autors, nicht aber der Realität. Ein wirkliches Gericht kommt zu einem anderen Urteil (Mord: ca. 18 Jahre bzw. Todesstrafe).
		③ Was bedeutet die Überschrift? Wer ist damit gemeint? Wer ist der Teufel?
Ergebnis	Tafel	Bergarbeiter: Armer? Glückspilz? Armer Teufel? Reicher: Wohltäter? Reicher Teufel? Böser Teufel?
		④ Was will Ernst Bloch mit seiner Parabel aussagen?
Ergebnis	Tafel	Arme sollten auch die Sichtweise der Reichen auf die Dinge haben. Bloch fordert aber keineswegs Mord, nur die Umkehrung der bestehenden Verhältnisse in dieser ungerechten Welt.

V. Sicherung

Zusammenfassung	Arbeitsblatt (S. 117)	Armer und reicher Teufel (Ernst Bloch)
Kontrolle (Lösungsblatt)	Folie 2 (S. 118)	

VI. Ausweitung

	Folie 3 (S. 113)	Autorenporträt
Erlesen mit Aussprache		
Abschließendes Lesen		Armer und reicher Teufel (Ernst Bloch)
Denkspiel mit Aussprache		L: Wie würdest du dich verhalten? Übertrage den im Text angebotenen Vertrag auf **dich** selbst und „spiele" **dein** Verhalten durch.
Aussprache mit Diskussion		

Armer und reicher Teufel (Ernst Bloch)

Reiche Leute wollen gern spielen, setzen dabei arme ein. So hielt es auch jener Amerikaner, als er den sonderbarsten Wettbewerb erfand. Ein junger Mann war gesucht, am liebsten ein Bergarbeiter, gesund und anstellig. Aus den hunderttausend Bewerbern wurde einer angenommen; der junge Mann meldete sich. Ein hübscher Bursche, hatte
5 nun nichts zu tun, als die weiteren Bedingungen zu erfüllen: nämlich auf gute Manier zu essen und zu trinken, feine Kleider mit Schick zu tragen, Figur zu machen. Ein Hofmeister brachte ihm die Künste der Welt bei: Reiten, Golf, gebildete Sprache vor Damen und was sonst ein amerikanischer Gentleman braucht. Alles mit dem Geld seines Schutzherren; nach beendetem Schliff trat der Glückliche eine dreijährige Reise um die
10 Welt an, mit Kreditbriefen in der Tasche, die jeden noch so exotischen Wunsch erfüllen ließen.
Nur eine kleine letzte Bedingung stand noch aus: Der junge Mann musste nach der Reise wieder ins Bergwerk zurück, als wäre nichts gewesen. Musste dort mindestens zehn Jahre bleiben, als Grubenarbeiter wie bisher. Auch dies unterschrieb der Glücks-
15 pilz, hielt sich ans Leben, das näher lag; die Zeit der goldenen Jugend begann. Reiste in den Opernglanz von Europa, hatte Glück bei Frauen und zeigte Begabung dafür, jagte indische Tiger und speiste bei Vizekönigen, kurz, führte das Leben von Prinzen. Bis zu dem Tag, wo er heimkehrte und seinem Gönner fast wohlgesättigt dankte, wie einem Gastgeber beim Abschied. Zog die alten Kleider wieder an und stieg in die Grube
20 zurück, zu den Kohlen, blinden Pferden, Kameraden, die ihm so fremd geworden waren und die ihn verachteten. Stieg ins Bergwerk zurück – unvorstellbar jetzt die ersten Tage, Monate, der Gegenschein und jetzige Kontrast, die Einfahrt ums Morgengrauen, die Arbeit auf dem Rücken, das Schwitzen, Husten, der Kohlenstaub in den Augen, der schlechte Fraß, das Bett mit dreien.
25 Nun hätte der Bursche den Vertrag freilich brechen können; auf gute Manier, indem er eine andere Stelle suchte, oder revolutionär, als Arbeiterführer. Stattdessen streikte er verblüffend, fuhr nach New York, sah seinen Wohltäter, erschoss ihn. Für den Arbeiter hatte man danach Verständnis; das Gericht sprach ihn frei.

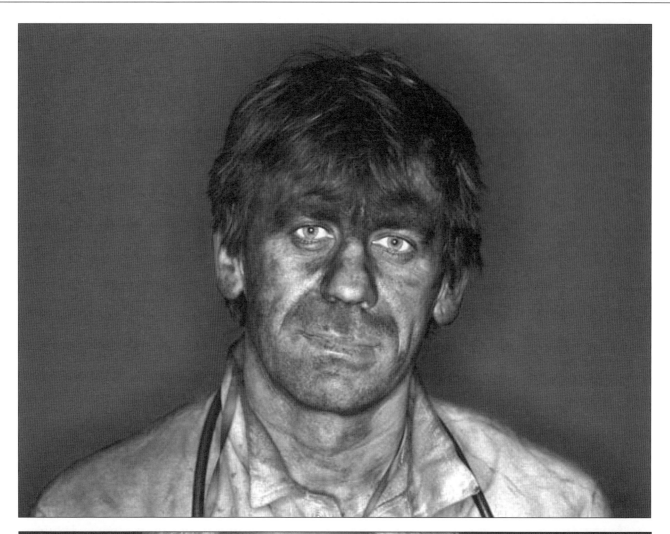

Lit | Name: _____ | Datum: _____

Armer und reicher Teufel
(Ernst Bloch)

❶ **Fasse ganz kurz den Inhalt zusammen.**

_____

_____

_____

_____

_____

_____

❷ „Reiche Leute wollen gern spielen, setzen dabei arme ein", werden „manchmal merkwürdig gut". Was meint der Autor damit?

_____

_____

_____

❸ Blochs Parabel lebt von Gegensätzen. Überlege dir zu folgenden Fragen Antworten.
① Ist der Reiche ein Wohltäter? Was ist sein Motiv in diesem Spiel?

_____

_____

_____

② Ist die letzte Bedingung im Vertrag des Reichen mit dem Bergarbeiter wirklich „klein"?

_____

_____

_____

③ Ist das ein sonderbarer Wettbewerb oder ein teufliches, grausames Spiel?

_____

_____

_____

❹ **Was bedeutet die Überschrift der Parabel?**

_____

_____

_____

❺ **Bewerte das Gerichtsurteil.**

_____

_____

_____

❻ **Was will Ernst Bloch mit seiner Parabel aussagen?**

_____

_____

_____

Lit | Lösung

Armer und reicher Teufel
(Ernst Bloch)

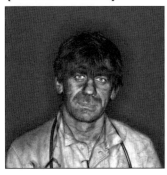

❶ Fasse ganz kurz den Inhalt zusammen.

Ein Reicher ermöglicht einem Bergarbeiter drei Jahre lang jeden erdenklichen Luxus. Bedingung dafür war, dass er danach zehn Jahre lang seine Arbeit unter Tage wieder aufnehmen muss. Der Bergarbeiter erschießt seinen Wohltäter und wird freigesprochen.

❷ „Reiche Leute wollen gern spielen, setzen dabei arme ein", werden „manchmal merkwürdig gut". Was meint der Autor damit?

Viele Reiche müssen im Leben nichts oder kaum etwas arbeiten, sie haben Geld im Überfluss und vergnügen sich oft auf Kosten der Menschen, die wenig Geld haben. Ein Reicher kann leicht „gut" werden. Wir sollten aufpassen, wenn jemand „merkwürdig" sozial wird.

❸ Blochs Parabel lebt von Gegensätzen. Überlege dir zu folgenden Fragen Antworten.
① Ist der Reiche ein Wohltäter? Was ist sein Motiv in diesem Spiel?

Nein, denn das Motiv des Reichen zu diesem teuflischen Experiment war, herauszufinden, ob und wie ein Armer (der Bergarbeiter) seine eigene Situation von außen mit den Augen und Erfahrungen eines Reichen sehen und beurteilen kann.

② Ist die letzte Bedingung im Vertrag des Reichen mit dem Bergarbeiter wirklich „klein"?

Die letzte Bedingung ist nicht nur nicht klein, sondern auch wirklich „teuflisch", denn sie zerstört die Identität des Bergarbeiters gleich zweimal. Zuerst verliert er die Bindung zu seinem Beruf, danach kann er sich als Reicher nicht mehr mit dem Leben der Bergleute identifizieren.

③ Ist das ein sonderbarer Wettbewerb oder ein teufliches, grausames Spiel?

Für den Reichen ist das Experiment mit dem armen Bergarbeiter ein vergnüglicher Wettbewerb, ein absurdes Machtspiel und ein vielleicht schon vorher bedachtes teuflisches Spiel, für den Armen stellt es sich als existenzzerstörend heraus.

❹ Was bedeutet die Überschrift der Parabel?

Der Reiche scheint eindeutig der reiche Teufel zu sein, der Arme (Bergarbeiter) ist und bleibt „ein armer Teufel" im wahrsten Sinne der Redensart. Ist aber am Ende der Parabel in der Umkehrung der Verhältnisse der Reiche der arme Teufel, der Arme aber der richtige Teufel?

❺ Bewerte das Gerichtsurteil.

Bloch sympathisiert mit dem Armen, der inzwischen wissend geworden ist, und dem er den fiktiven Freispruch als unschuldigem Opfer eines teuflischen Experiments gönnt. Ein wirkliches Gericht würde zu einem anderen Urteil kommen (Mord: ca. 18 Jahre bzw. Todesstrafe).

❻ Was will Ernst Bloch mit seiner Parabel aussagen?

Arme sollten auch die Sichtweise der Reichen auf den Luxus und die Annehmlichkeiten des Lebens haben. Bloch fordert dabei keineswegs Anarchie und Mord, aber eine Umkehrung der bestehenden Verhältnisse in dieser verteufelten, für ihn nicht akzeptablen Welt. Bloch fordert den Leser auf, in seiner Erzählung ein Denkspiel zu sehen und es selbst zu spielen.

Heimkehr (Franz Kafka)
Vom verlorenen Sohn (Lukas 15; 11–32)

Lerninhalte:

- Kennenlernen einer Parabel von Franz Kafka
- Erfassen des Inhalts der Parabel
- Erkennen des Kontrasts zwischen der Heimkehr des Sohnes und der Atmosphäre des Hofes
- Wissen um das Verhältnis von Erzählzeit und erzählter Zeit
- Herausfinden der Beziehung zwischen Sohn und Vater
- Nachdenken über den offenen Beginn und das offene Ende

Arbeitsmittel / Medien:

- Arbeitsblatt
- Textblatt 1: Heimkehr
- Textblatt 2: Vom verlorenen Sohn
- Textblatt 3: Brief an der Vater (Auszug)
- Bild für die Tafel
- Folie 1: Tür (geschlossen) – Sohn (heimkehrend)
- Folie 2: Lösungsblatt zum Arbeitsblatt

Folie 1

Der verlorene Sohn. Illustration: Gustave Doré

Verlaufsskizze

I. Hinführung

Stummer Impuls	Bild (S. 124)	Der verlorene Sohn
Aussprache		
Überleitung		L: Kennenlernen einer Parabel ähnlichen Inhalts
Zielangabe		Heimkehr (Franz Kafka)

II. Textdarbietung

	Textblatt (S. 121)	Heimkehr (Franz Kafka)
Erlesen		
Spontanäußerungen		

III. Arbeit am Text

Arbeitsaufgaben	Tafel	① Wohin kehrt der Ich-Erzähler zurück? Von wo? Was findet er dort vor?
		② Welche Ausdrücke signalisieren, dass der Ich-Erzähler nicht heimkehren kann oder will?
		③ Was bedeutet der Wechsel vom „ich" zum „man"?
		④ Wie beschreibt der Ich-Erzähler die Beziehung zu seinen Eltern?
		⑤ Weshalb endet der letzte Satz der Parabel mit einem Punkt und nicht mit einem Fragezeichen?
Gruppenarbeit		
Zusammenfassung		
Gruppenberichte		
Aussprache		

IV. Wertung

Impuls		L: Vergleiche Kafkas Parabel „Heimkehr" mit der Gleichnisgeschichte „Vom verlorenen Sohn" aus dem Lukas-Evangelium.
	Textblatt 2 (S. 122)	Vom verlorenen Sohn (Lukas 15; 11–32)
Erlesen		
Aussprache		
Stummer Impuls	Folie 1 (S. 119)	Tür (geschlossen) – Sohn (heimkehrend)
	Tafel	verschlossene Türe ⇔ heimkehrender Sohn
		Kafka ⇔ Bibel
		keine Heimkehr ⇔ Heimkehr
Impuls		L: Die Parabel hat biografische Bezüge.
Aussprache	Textblatt 3 (S. 123)	Brief an den Vater (Kafka, 1919)
Erlesen mit Aussprache		
Leitfrage		L: Kafkas Heimkehr?
Aussprache		

V. Sicherung

Zusammenfassung	Arbeitsblatt (S. 125)	Heimkehr (Franz Kafka)
Kontrolle (Lösungsblatt)	Folie 2 (S. 126)	
Abschließendes Lesen		Heimkehr (Franz Kafka)

Heimkehr (Franz Kafka)

Ich bin zurückgekehrt, ich habe den Flur durchschritten und blicke mich um.

Es ist meines Vaters alter Hof. Die Pfütze in der Mitte. Altes, unbrauchbares Gerät, ineinander verfahren, verstellt den Weg zur Bodentreppe. Die Katze lauert auf dem Geländer. Ein zerrissenes Tuch, einmal im Spiel um eine Stange gewunden, hebt sich im Wind. Ich

5 bin angekommen.

Wer wird mich empfangen? Wer wartet hinter der Tür der Küche? Rauch kommt aus dem Schornstein, der Kaffee zum Abendessen wird gekocht. Ist dir heimlich, fühlst du dich zu Hause? Ich weiß es nicht, ich bin sehr unsicher. Meines Vaters Haus ist es, aber kalt steht Stück neben Stück, als wäre jedes mit seinen eigenen Angelegenheiten beschäftigt, die

10 ich teils vergessen habe, teils niemals kannte.

Was kann ich ihnen nützen, was bin ich ihnen und sei ich auch des Vaters, des alten Landwirts Sohn. Und ich wage nicht an die Küchentür zu klopfen, nur von der Ferne horche ich, nur von der Ferne horche ich stehend, nicht so, dass ich als Horcher überrascht werden könnte. Und weil ich von der Ferne horche, erhorche ich nichts, nur einen leichten Uhren-

15 schlag höre ich oder glaube ihn vielleicht nur zu hören, herüber aus den Kindertagen. Was sonst in der Küche geschieht, ist das Geheimnis der dort Sitzenden, das sie vor mir wahren. Je länger man vor der Tür zögert, desto fremder wird man.

Wie wäre es, wenn jetzt jemand die Tür öffnete und mich etwas fragte. Wäre ich dann nicht selbst wie einer, der sein Geheimnis wahren will.

Vom verlorenen Sohn (Lukas 15; 11–32)

Jesus sprach: Ein Mensch hatte zwei Söhne. Der jüngere von ihnen sprach zum Vater: „Gib mir das Erbteil, das mir zusteht." Und er teilte Hab und Gut unter sie. Und nicht lange danach sammelte der jüngere Sohn alles zusammen und zog in ein fernes Land und verprasste sein Erbteil. Als er nun alles verbraucht hatte, kam eine große Hungersnot und er
5 fing an Not zu leiden. Er hängte sich an einen Bürger jenes Landes, der schickte ihn auf seinen Acker, die Säue zu hüten. Er wollte seinen Bauch füllen mit den Schoten, die die Säue fraßen, doch man verwehrte es ihm. Da ging er in sich und sprach: „Wie viele Tagelöhner hat mein Vater, die Brot in Fülle haben, und ich verderbe hier im Hunger! Ich will mich aufmachen und zu meinem Vater gehen und zu ihm sagen: Vater, ich habe gesündigt
10 gegen den Himmel und vor dir. Ich bin es nicht mehr wert, dein Sohn zu heißen. Mache mich zu einem deiner Tagelöhner!"
Und er machte sich auf und kam zu seinem Vater. Als er aber noch weit entfernt war, sah ihn sein Vater, und es jammerte ihn. Er lief und fiel ihm um den Hals und küsste ihn. Der Sohn aber sprach zu ihm: „Vater, ich habe gesündigt gegen den Himmel und vor dir. Ich
15 bin es nicht mehr wert, dein Sohn zu heißen." Aber der Vater sprach zu seinen Knechten: „Bringt schnell das beste Gewand her und zieht es ihm an und gebt ihm einen Ring an seine Hand und Schuhe an seine Füße und bringt das gemästete Kalb und schlachtet es. Lasst uns essen und fröhlich sein! Denn dieser mein Sohn war tot und ist wieder lebendig geworden; er war verloren und ist gefunden worden." Und sie fingen an, fröhlich zu sein.
20 Als der ältere Sohn von der Arbeit auf dem Feld nach Hause kam, hörte er Singen und Tanzen. Er rief einen der Knechte, und fragte, was das wäre. Der sagte ihm: „Dein Bruder ist gekommen, und dein Vater hat das gemästete Kalb geschlachtet, weil er ihn gesund wieder hat." Da wurde er zornig und wollte nicht hineingehen. Da ging sein Vater heraus und bat ihn. Er sprach aber zu seinem Vater: „So viele Jahre diene ich dir und habe dein
25 Gebot noch nie übertreten, und du hast mir nie einen Bock gegeben, dass ich mit meinen Freunden fröhlich gewesen wäre. Nun aber, da dieser dein Sohn gekommen ist, der dein Hab und Gut mit Huren verprasst hat, hast du ihm das gemästete Kalb geschlachtet." Der Vater sprach zu ihm: „Mein Sohn, du bist allezeit bei mir, und alles, was mein ist, das ist dein. Du solltest aber fröhlich und guten Mutes sein, denn dein Bruder war tot und ist wie-
30 der lebendig geworden, er war verloren und ist wiedergefunden."

Hubert Albus: Fabeln, Parabeln und Schwänke · Best.-Nr. 755 · © Brigg Pädagogik Verlag GmbH, Augsburg

Brief an den Vater (Franz Kafka, 1919)

[...] Direkt erinnere ich mich nur an einen Vorfall aus den ersten Jahren. Du erinnerst Dich vielleicht auch daran. Ich winselte einmal in der Nacht immerfort um Wasser, gewiss nicht aus Durst, sondern wahrscheinlich teils um zu ärgern, teils um mich zu unterhalten. Nachdem einige starke Drohungen nicht geholfen hatten, nahmst Du mich aus dem Bett, trugst mich auf die Pawlatsche und ließest
5 mich dort allein vor der geschlossenen Tür ein Weilchen im Hemd stehn.
Ich will nicht sagen, dass das unrichtig war, vielleicht war damals die Nachtruhe auf andere Weise wirklich nicht zu verschaffen, ich will aber damit Deine Erziehungsmittel und ihre Wirkung auf mich charakterisieren. Ich war damals nachher wohl schon folgsam, aber ich hatte einen inneren Schaden davon. Das für mich Selbstverständliche des sinnlosen Um-Wasser-Bittens und das außerordentlich
10 Schreckliche des Hinausgetragenwerdens konnte ich meiner Natur nach niemals in die richtige Verbindung bringen. Noch nach Jahren litt ich unter der quälenden Vorstellung, dass der riesige Mann, mein Vater, die letzte Instanz, fast ohne Grund kommen und mich in der Nacht aus dem Bett auf die Pawlatsche tragen konnte und dass ich also ein solches Nichts für ihn war.
Das war damals ein kleiner Anfang nur, aber dieses mich oft beherrschende Gefühl der Nichtigkeit
15 (ein in anderer Hinsicht allerdings auch edles und fruchtbares Gefühl) stammt vielfach von Deinem Einfluss. Ich hätte ein wenig Aufmunterung, ein wenig Freundlichkeit, ein wenig Offenhalten meines Wegs gebraucht, statt dessen verstelltest Du mir ihn, in der guten Absicht freilich, dass ich einen anderen Weg gehen sollte. Aber dazu taugte ich nicht. Du muntertest mich zum Beispiel auf, wenn ich gut salutierte und marschierte, aber ich war kein künftiger Soldat, oder Du muntertest mich auf,
20 wenn ich kräftig essen oder sogar Bier dazu trinken konnte, oder wenn ich unverstandene Lieder nachsingen oder Deine Lieblingsredensarten Dir nachplappern konnte, aber nichts davon gehörte zu meiner Zukunft. [...]
Dem entsprach weiter Deine geistige Oberherrschaft. Du hattest Dich allein durch eigene Kraft so hoch hinaufgearbeitet, infolgedessen hattest Du unbeschränktes Vertrauen zu Deiner Meinung. Das
25 war für mich als Kind nicht einmal so blendend wie später für den heranwachsenden jungen Mann. In Deinem Lehnstuhl regiertest Du die Welt. Deine Meinung war richtig, jede andere war verrückt, überspannt, meschugge, nicht normal. [...]
Du hast mir [...] schon früh das Wort verboten, Deine Drohung: „kein Wort der Widerrede!" und die dazu erhobene Hand begleiten mich schon seit jeher. Ich bekam vor Dir – Du bist, sobald es um Dei-
30 ne Dinge geht, ein ausgezeichneter Redner – eine stockende, stotternde Art des Sprechens, auch das war Dir noch zu viel, schließlich schwieg ich, zuerst vielleicht aus Trotz, dann, weil ich vor Dir weder denken noch reden konnte. Und weil Du mein eigentlicher Erzieher warst, wirkte das überall in meinem Leben nach. Es ist überhaupt ein merkwürdiger Irrtum, wenn Du glaubst, ich hätte mich Dir nie gefügt. „Immer alles contra" ist wirklich nicht mein Lebensgrundsatz Dir gegenüber gewesen,
35 wie Du glaubst und mir vorwirfst. Im Gegenteil: hätte ich Dir weniger gefolgt, Du wärest sicher viel zufriedener mit mir. Vielmehr haben alle Deine Erziehungsmaßnahmen genau getroffen; keinem Griff bin ich ausgewichen; so wie ich bin, bin ich (von den Grundlagen und der Einwirkung des Lebens natürlich abgesehen) das Ergebnis Deiner Erziehung und meiner Folgsamkeit. Dass dieses Ergebnis Dir trotzdem peinlich ist, ja, dass Du Dich unbewusst weigerst, es als Dein Erziehungsergebnis
40 anzuerkennen, liegt eben daran, dass Deine Hand und mein Material einander so fremd gewesen sind. [...]
Das Schimpfen verstärktest Du mit Drohen, und das galt nun auch schon mir. Schrecklich war mir zum Beispiel dieses: „ich zerreiße Dich wie einen Fisch", trotzdem ich ja wusste, dass dem nichts Schlimmeres nachfolgte (als kleines Kind wusste ich das allerdings nicht), aber es entsprach fast
45 meinen Vorstellungen von Deiner Macht, dass Du auch das imstande gewesen wärest. Schrecklich war es auch, wenn Du schreiend um den Tisch herumliefst, um einen zu fassen, offenbar gar nicht fassen wolltest, aber doch so tatest, und die Mutter einen schließlich scheinbar rettete. Wieder hatte man einmal, so schien es dem Kind, das Leben durch Deine Gnade behalten und trug es als Dein unverdientes Geschenk weiter. Hierher gehören auch die Drohungen wegen der Folgen des Unge-
50 horsams. Wenn ich etwas zu tun anfing, was Dir nicht gefiel, und Du drohtest mir mit dem Misserfolg, so war die Ehrfurcht vor Deiner Meinung so groß, dass damit der Misserfolg, wenn auch vielleicht erst für eine spätere Zeit, unaufhaltsam war. Ich verlor das Vertrauen zu eigenem Tun. Ich war unbeständig, zweifelhaft. Je älter ich wurde, desto größer war das Material, das Du mir zum Beweis meiner Wertlosigkeit entgegenhalten konntest; allmählich bekamst Du in gewisser Hinsicht wirklich
55 recht. [...]

Der verlorene Sohn. Illustration: Gustave Doré

Lit | Name: _____ | Datum: _____

Heimkehr
(Franz Kafka)

❶ Fasse den Inhalt der Parabel kurz zusammen.

_____

_____

_____

_____

_____

_____

_____

_____

❷ Die Parabel gliedert sich in fünf Abschnitte. Finde dazu jeweils eine passende Überschrift.

① _____

② _____

③ _____

④ _____

⑤ _____

❸ Welchen Ausdrücke signalisieren, dass der Ich-Erzähler nicht heimkehren wird?

_____

_____

_____

❹ Vergleiche die Heimkehr des Sohnes in der Parabel Kafkas mit der in der Gleichniserzählung aus dem Neuen Testament.

_____

_____

_____

_____

_____

_____

❺ Wie beschreibt der Ich-Erzähler die Beziehung zu seinen Eltern? Welche autobiografischen Züge flossen in die Parabel Kafkas ein?

_____

_____

_____

_____

❻ Was will Kafka mit seiner Parabel aussagen?

_____

_____

_____

Lit | Lösung

Heimkehr
(Franz Kafka)

❶ Fasse den Inhalt der Parabel kurz zusammen.

Der Ich-Erzähler, ein Bauernsohn, kehrt nach längerer Abwesen-
heit zu seinem Elternhaus zurück. Er beschreibt den herunterge-
kommenen Hof und bleibt schließlich vor der Eingangstür stehen.
Die Fremdheit und Kälte des Hauses und die Angst vor dem Vater
lassen ihn vor der Küchentür verharren. Immer deutlicher wird, dass
er nicht den Mut hat anzuklopfen und einzutreten. Zum Schluss
vollzieht der Ich-Erzähler die Begegnung mit Vater und Mutter nur
noch in Gedanken.

❷ Die Parabel gliedert sich in fünf Abschnitte. Finde dazu jeweils eine passende Über-
schrift.

① *Rückkehr des Ich-Erzählers zu seinem Elternhaus (Z. 1)*

② *Kindheitserinnerungen – kalt und bedrückend (Z. 2–Z. 5)*

③ *Gegenwartsfragen – unsicher und kalt (Z. 6–Z. 10)*

④ *Zukunftsfragen und Erinnerungen an die Uhr (Z. 11–Z. 17)*

⑤ *Entscheidung: Beziehung zur Familie nicht mehr möglich (Z. 18–Z. 19)*

❸ Welchen Ausdrücke signalisieren, dass der Ich-Erzähler nicht heimkehren wird?

Viele Ausdrücke rufen ein Gefühl von Pessimismus und Isolation hervor, z. B. stehen, warten,
lauern, alt, unbrauchbar, ineinander verfahren, zerrissen, um eine Stange gewunden, heimlich,
unsicher, kalt, fremd.

❹ Vergleiche die Heimkehr des Sohnes in der Parabel Kafkas mit der in der Gleichniser-
zählung aus dem Neuen Testament.

In der Bibel wird die Heimkehr des verlorenen Sohnes
aus der Sicht des Vaters beschrieben (Freude), bei
Kafka aus der Sicht des Sohnes, geführt in einem
inneren Monolog (Unsicherheit, Angst). Während
in der Bibel der Sohn herzlich aufgenommen wird,
muss der Sohn der Kafka-Parabel erkennen, dass
eine Heimkehr für ihn nicht möglich ist.

❺ Wie beschreibt der Ich-Erzähler die Beziehung zu seinen Eltern? Welche autobiogra-
fischen Züge flossen in die Parabel Kafkas ein?

Der Ich-Erzähler hat Angst vor seinem dominanten Vater – einen Parallele zu Kafkas Vater.
Der alte Hof und das unbrauchbare Gerät stehen als Symbol für eine desolate Vater-Sohn-
Beziehung, während die Erinnerung an die Mutter als Idylle erscheint (Schornstein als Symbol
für Wärme, die Küche mit Kaffee und Abendessen als Symbol für Geborgenheit und Leben).

❻ Was will Kafka mit seiner Parabel aussagen?

In der Parabel kehrt der Ich-Erzähler nicht heim, es bleibt nur beim Wunsch heimzukehren.
Die Erzählung diente Kafka, seinen eigenen seelischen Zustand auszudrücken, der mit dem
Vater-Sohn-Konflikt und der Entfremdung vom Elternhaus einherging.

Eine kaiserliche Botschaft
(Franz Kafka)

Lerninhalte:

- Kennenlernen einer Parabel von Franz Kafka
- Fähigkeit, die wesentlichen Personen zu charakterisieren
- Erkennen, dass die Parabel in zwei Sinnabschnitte eingeteilt werden kann
- Herausfinden der Gegensätzlichkeit der beiden Abschnitte
- Herausfinden verschiedener Interpretationsansätze (historisch, biografisch, ethisch-religiös, sozialkritisch)

Arbeitsmittel / Medien:

- Arbeitsblätter 1/2
- Textblatt
- Bild für die Tafel: Verbotene Stadt in Peking (Kaiserresidenz)
- Tafelbild
- Folie 1: Lösungsblatt 1 (Arbeitsblatt)
- Folie 2: Lösungsblatt 2 (Arbeitsblatt)
- Wortkarten (5)

Tafelbild

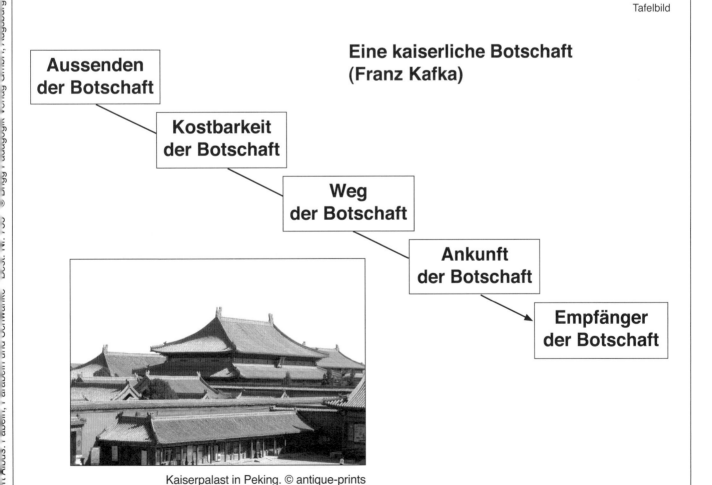

Kaiserpalast in Peking. © antique-prints

Verlaufsskizze

I. Hinführung

Stummer Impuls	Bild (S. 130)	Verbotene Stadt in Peking (Kaiserpalast)
Aussprache		
Überleitung		L: Dieser Palast spielt in einer Parabel von Franz Kafka eine wesentliche Rolle.
Zielangabe	Tafel	Eine kaiserliche Botschaft (Franz Kafka)
Vermutungen		

II. Textdarbietung

	Textblatt (S. 129)	Eine kaiserliche Botschaft (Franz Kafka)
Erlesen		
Spontanäußerungen		

III. Arbeit am Text

Impuls		L: Die Parabel lässt sich in fünf Abschnitte einteilen.
Aussprache	Tafel Wortkarten (ungeordnet)	
Ergebnis		• Aussenden der Botschaft • Kostbarkeit der Botschaft • Weg der Botschaft • Ankunft der Botschaft • Empfänger der Botschaft
Leitfragen		① Benenne die wesentlichen Personen und charakterisiere sie. ② Welche Hindernisse muss der Bote überwinden? ③ Was verstehst du unter „hochgeschüttet voll ihres Bodensatzes"? ④ Was ist eine Alliteration, eine Hyperbel, ein Oxymoron und eine Hypotaxe? Suche je ein Beispiel aus dem Text.
Aussprache		
Ergebnis		zu ④ Alliteration: Klangfigur; gleicher Anlaut aufeinanderfolgender Wörter (**fernste Ferne**) Hyperbel: Übertreibung (**unermüdlicher** Mann) Oxymoron: Formulierung aus zwei gegensätzlichen, einander (scheinbar) widersprechenden oder sich gegenseitig ausschließenden Begriffen (das **herrliche Schlagen**) Hypotaxe: Satzgefüge; Verknüpfung zweier Sätze, wobei einer der Sätze dem anderen untergeordnet ist

IV. Wertung

Leitfrage		L: Versuche die Parabel Kafkas zu interpretieren.
Aussprache		

V. Sicherung

Zusammenfassung	Arbeitsblatt 1 (S. 131)	Eine kaiserliche Botschaft (1)
Kontrolle (Lösungsblatt 1)	Folie 1 (S. 132)	
	Arbeitsblatt 2 (S. 133)	Eine kaiserliche Botschaft (2)
Kontrolle (Lösungsblatt 2)	Folie 2 (S. 134)	
Abschließendes Lesen		Eine kaiserliche Botschaft (Franz Kafka)

Hubert Albus · Fabeln, Parabeln und Schwänke · Best.-Nr. 755 · © Brigg Pädagogik Verlag GmbH, Augsburg

Eine kaiserliche Botschaft (Franz Kafka)

Der Kaiser – so heißt es – hat dir, dem Einzelnen, dem jämmerlichen Untertanen, dem winzig vor der kaiserlichen Sonne in die fernste Ferne geflüchteten Schatten, gerade dir hat der Kaiser von seinem Sterbebett aus eine Botschaft gesendet. Den Boten hat er beim Bett niederknien lassen und ihm die Botschaft ins Ohr geflüstert; so sehr war ihm an
5 ihr gelegen, dass er sich sie noch ins Ohr wiedersagen ließ. Durch Kopfnicken hat er die Richtigkeit des Gesagten bestätigt.
Und vor der ganzen Zuschauerschaft seines Todes – alle hindernden Wände werden niedergebrochen und auf den weit und hoch sich schwingenden Freitreppen stehen im Ring die Großen des Reichs – vor allen diesen hat er den Boten abgefertigt.
10 Der Bote hat sich gleich auf den Weg gemacht; ein kräftiger, ein unermüdlicher Mann; einmal diesen, einmal den andern Arm vorstreckend schafft er sich Bahn durch die Menge; findet er Widerstand, zeigt er auf die Brust, wo das Zeichen der Sonne ist; er kommt auch leicht vorwärts, wie kein anderer. Aber die Menge ist so groß; ihre Wohnstätten nehmen kein Ende. Öffnete sich freies Feld, wie würde er fliegen und bald wohl hörtest du das
15 herrliche Schlagen seiner Fäuste an deiner Tür.
Aber statt dessen, wie nutzlos müht er sich ab; immer noch zwängt er sich durch die Gemächer des innersten Palastes; niemals wird er sie überwinden; und gelänge ihm dies, nichts wäre gewonnen; die Treppen hinab müsste er sich kämpfen; und gelänge ihm dies, nichts wäre gewonnen; die Höfe wären zu durchmessen; und nach den Höfen der zwei-
20 te umschließende Palast; und wieder Treppen und Höfe; und wieder ein Palast; und so weiter durch Jahrtausende; und stürzte er endlich aus dem äußersten Tor – aber niemals, niemals kann es geschehen –, liegt erst die Residenzstadt vor ihm, die Mitte der Welt, hochgeschüttet voll ihres Bodensatzes.
Niemand dringt hier durch und gar mit der Botschaft eines Toten. – Du aber sitzt an dei-
25 nem Fenster und erträumst sie dir, wenn der Abend kommt.

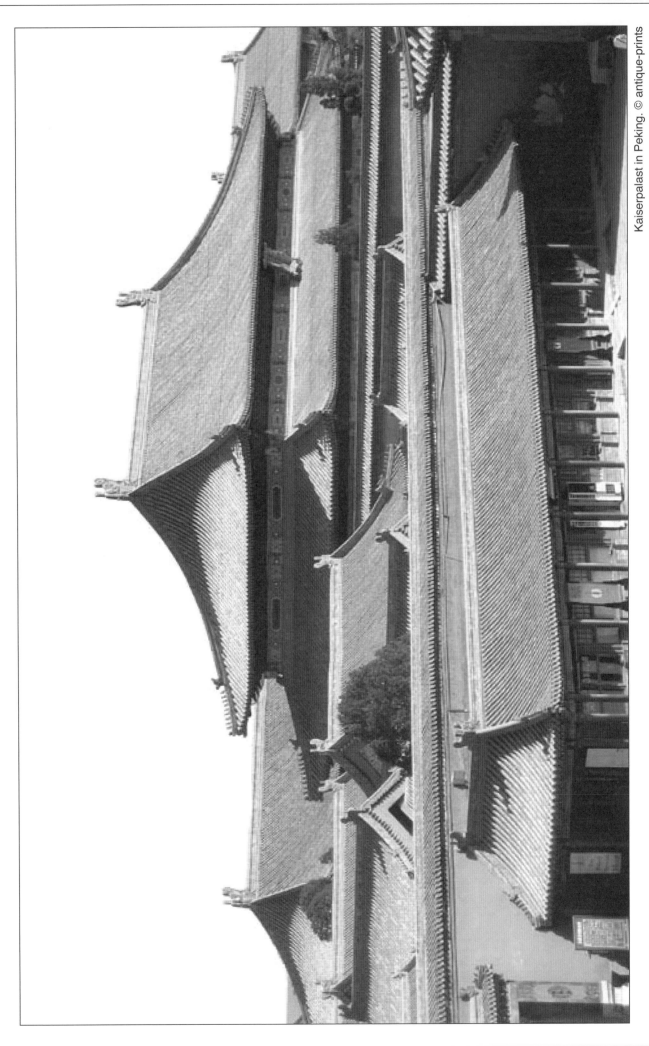

| **Lit** | Name: _____ | Datum: _____ | |

Eine kaiserliche Botschaft (1)
(Franz Kafka)

❶ Gib kurz den Inhalt der Parabel wieder.

_____

_____

_____

_____

❷ Benenne die wesentlichen Personen und charakterisiere sie stichwortartig.

_____

_____

_____

_____

_____

_____

_____

❸ In wie viele Abschnitte kann man die Parabel einteilen? Wie unterscheiden sie sich?

_____

_____

_____

_____

❹ Welche Hindernisse machen dem Boten das Durch-kommen unmöglich?

_____

_____

_____

❺ Was bedeutet die Metapher „die Mitte der Welt, hoch-geschüttet voll ihres Bodensatzes"?

_____

_____

_____

❻ Versuche die Parabel Kafkas zu interpretieren.

_____

_____

_____

_____

_____

_____

_____

Lit | Lösung

Eine kaiserliche Botschaft (1)
(Franz Kafka)

❶ Gib kurz den Inhalt der Parabel wieder.

Der Kaiser, dem Tod nahe, flüstert seinen letzten Willen einem Boten zu und erteilt diesem den Auftrag, einem bestimmten Untertanen in seinem Reich eine Botschaft zu überbringen. Erscheint der Bote zunächst geeignet, diesen Befehl auszuführen, so scheitert er dennoch an der Masse der Menschen und an der Unendlichkeit des Weges, er kommt nicht vorwärts.

❷ Benenne die wesentlichen Personen und charakterisiere sie stichwortartig.

① Kaiser (= Gott?)
mächtig, gottgleich, glanzvoll, aber dem Tod nahe
② Bote (= Messias? Christus?)
kräftig, unermüdlich, unbeirrbar, aber letztendlich in sei-
nen Bemühungen erfolglos
③ Du (= Mensch?)
schwach, nichtig, jämmerlich, aber wichtig für den Kai-
ser, da er ihm eine Botschaft sendet

❸ In wie viele Abschnitte kann man die Parabel einteilen? Wie unterscheiden sie sich?

Die Parabel lässt sich in zwei Sinnabschnitte einteilen. Im ersten Teil erscheint es sicher, dass der Bote sein Ziel errei-chen kann (⇨ Indikativ), im zweiten scheitert sein Bemühen (⇨ Konjunktiv).

❹ Welche Hindernisse machen dem Boten das Durch-kommen unmöglich?

Ein Labyrinth mit Palästen, Treppen, Mauern, Höfen, Toren, Häusern, Städten und Menschenmassen nimmt für den Bo-ten kein Ende.

❺ Was bedeutet die Metapher „die Mitte der Welt, hoch-geschüttet voll ihres Bodensatzes"?

Die Residenzstadt steht als leerer, unbewohnter Komplex, als Ruine einer gewalttätigen, grausamen und verabscheu-ungswürdigen, Jahrtausende alten Zivilisation.

❻ Versuche die Parabel Kafkas zu interpretieren.

Kafkas Parabel lässt verschiedene Interpretationsansätze zu. Gesellschaftskritisch gesehen, kann eine über Jahrtausende gewachsene Hierarchie von Instanzen es dem Menschen un-möglich machen, diese verschlungenen bürokratischen Systeme zu durchdringen, um per Kommunikation seine Bestimmung zu erfahren. Eine mehr religiöse Deutung wäre, dass die von Gott ausgesandte Botschaft den Menschen trotz dessen Sehnsucht und Erwartung nicht mehr erreichen kann, weil hinderliche Instanzen und andere Widrigkeiten dies verhindern. Religion ist für den Einzelnen bedeutungslos geworden. Daneben gibt es einen biografischen (Vater-Sohn-Konflikt mit mangelhafter Kommunikation) und einen historischen Ansatz.

Lit | Name: _____ | Datum: _____

Eine kaiserliche Botschaft (2)
(Franz Kafka)

Struktur der Parabel

M_____ und G_____

Die Großen des Reiches sind in der

Kaiser

→ aber liegt im St_____

Sterbestunde des Kaisers anwesend.

---

sendet einen Boten mit einer wichtiger Botschaft aus

kommt nicht an

---

1. Sinnabschnitt:

Der Bote ist

• _____

• _____

• schafft sich _____

• kommt _____ vorwärts

• Erzählhaltung:

_____ Erzählen

• Aktion:

H_____ ⇨ Z_____

• Modus: _____

2. Sinnabschnitt:

Der Bote

• _____ nicht durch

• kommt _____ ans Ziel

• ist r_____ gefangen

• ist z_____ gefangen

• Erzählhaltung: Reflexion

• Reaktion: R_____

– Sch_____

• Modus: _____

Der Bote kommt nicht an,

weil er bei seiner Reise über

Jahrtausende die

P_____

↓

T_____

↓

H_____

↓

M_____

↓

T_____

nicht überwinden kann.

Palast

Selbst wenn ihm das gelänge,

würde er die

R_____stadt,

die „M_____ der

W_____",

vollgefüllt mit

„B_____"

nicht durchdringen können.

Das Du

• ist für eine persönliche
Botschaft des Kaisers nicht
_____.

• erträumt die Botschaft,
die von einem _____
kommt.

Du

Lit | Lösung

Eine kaiserliche Botschaft (2)
(Franz Kafka)

Struktur der Parabel

M _acht_ und G _lanz_

Kaiser

→ aber liegt im St _erben_

Die Großen des Reiches sind in der

Sterbestunde des Kaisers anwesend.

---

1. Sinnabschnitt:

Der Bote ist

• _kräftig_

• _unermüdlich_

• schafft sich _Bahn_

• kommt _leicht_ vorwärts

• Erzählhaltung:

episches Erzählen

• Aktion:

H _offnung_ ⇨ Z _iel_

• Modus: _Indikativ_

2. Sinnabschnitt:

Der Bote

• _dringt_ nicht durch

• kommt _niemals_ ans Ziel

• ist r _äumlich_ gefangen

• ist z _eitlich_ gefangen

• Erzählhaltung: Reflexion

• Reaktion: R _esignation_

– Sch _eitern_

• Modus: _Konjunktiv_

---

sendet einen Boten mit einer wichtiger Botschaft aus

kommt nicht an

Der Bote kommt nicht an,
weil er bei seiner Reise über
Jahrtausende die

P _aläste_

↓

T _reppen_

↓

H _öfe_

↓

M _auern_

↓

T _ore_

nicht überwinden kann.

Palast

Das Du

• ist für eine persönliche
Botschaft des Kaisers nicht

erreichbar .

• erträumt die Botschaft,
die von einem _Toten_
kommt.

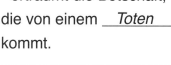

Du

Selbst wenn ihm das gelänge,

würde er die

R _esidenz_ stadt,

die „M _itte_ der

W _elt_ ",

vollgefüllt mit

„B _odensatz_ "

nicht durchdringen können.

Der Kübelreiter
(Franz Kafka)

Lerninhalte:

- Kennenlernen einer Parabel von Franz Kafka
- Fähigkeit, die drei Hauptpersonen zu charakterisieren
- Erkennen, dass die Parabel in fünf Sinnabschnitte eingeteilt werden kann
- Untersuchen der Sprache Kafkas
- Herausfinden verschiedener Interpretationsansätze (historisch, biografisch, sozialkritisch)

Arbeitsmittel / Medien:

- Arbeitsblatt
- Textblatt
- Bild für die Tafel: Kübelreiter
- Folie 1: Bittere Kälte (Stalingrad)
- Folie 2: Mensch in Not
- Folie 3: Lösungsblatt zum Arbeitsblatt

Folie 2

Kollwitz, Kaethe: Helft Russland. Lithografie (1921) © VG Bild-Kunst, Bonn 2011

Verlaufsskizze

I. Hinführung

Stummer Impuls   Folie 1 (S. 136)   Bittere Kälte in Stalingrad 1942/43
Aussprache

Film „Stalingrad" (1993) © B.A. Produktion

Überleitung   L: Viele Soldaten erfrieren. Um eisige Kälte geht es
                                             auch in einer Parabel von Franz Kafka.

Zielangabe   Tafel   Der Kübelreiter (Franz Kafka)
Vermutungen

II. Textdarbietung

Stummer Impuls   Bild (S. 138)   Der Kübelreiter
Aussprache

                               Textblatt (S. 137)   Der Kübelreiter (Franz Kafka)

Erlesen
Spontäußerungen

III. Arbeit am Text

Impuls   L: Fasse den Inhalt kurz zusammen.
Aussprache   Tafel

> Der Ich-Erzähler klagt zu Beginn über seine hoffnungslose Situation, weil er keine Kohle mehr hat und wohl erfrieren wird. Er hofft jedoch, dass ihm der Kohlenhändler noch etwas Kohle leiht, wenn er sich etwas Besonderes einfallen lässt. Also reitet er auf einem Kohlenkübel zu ihm hin, wobei er auf und nieder durch die Gassen schwebt. Der Händler ist auch geneigt, dem Kübelreiter etwas Kohle zu geben, aber dessen Frau verbietet es. Sie vertreibt den Kübelreiter mit ihrem Schürzenband, der sich in den Regionen der Eisgebirge verliert und wohl erfrieren wird.

Impuls   L: Charakterisiere die drei Hauptpersonen.
                                             • Kübelreiter: hilflos, naiv, verzweifelt, mittellos
                                             • Kohlenhändler: gutmütig, thumb, nachgiebig
                                             • Frau des Händlers: hartherzig, geldgierig, mitleidslos
Aussprache

IV. Wertung

Leitfragen   ① Warum hilft dem Kübelreiter niemand?
                                       ② Helfen wir Menschen, die in Not geraten sind?
                                       ③ Ist unsere Gesellschaft hilfsbereit?

Stummer Impuls   Folie 2 (S. 135)   Mensch in Not
Aussprache

V. Sicherung

Zusammenfassung   Arbeitsblatt (S. 139)   Der Kübelreiter (Franz Kafka)
Kontrolle (Lösungsblatt)   Folie 3 (S. 140)

Abschließendes Lesen   Der Kübelreiter (Franz Kafka)

Hubert Albus, Fabeln, Parabeln und Schwänke · Best.-Nr. 755 · © Brigg Pädagogik Verlag GmbH, Augsburg

Der Kübelreiter (Franz Kafka)

Verbraucht alle Kohle; leer der Kübel; sinnlos die Schaufel; Kälte atmend der Ofen; das Zimmer vollgeblasen von Frost; vor dem Fenster Bäume starr im Reif; der Himmel, ein silberner Schild gegen den, der von ihm Hilfe will. Ich muss Kohle haben; ich darf doch nicht erfrieren; hinter mir der erbarmungslose Ofen, vor mir der Himmel ebenso, infolgedessen muss ich scharf zwischendurch
5 reiten und in der Mitte beim Kohlenhändler Hilfe suchen. Gegen meine gewöhnlichen Bitten aber ist er schon abgestumpft; ich muss ihm ganz genau nachweisen, dass ich kein einziges Kohlenstäubchen mehr habe und dass er daher für mich geradezu die Sonne am Firmament bedeutet. Ich muss kommen wie der Bettler, der röchelnd vor Hunger an der Türschwelle verenden will und dem deshalb die Herrschaftsköchin den Bodensatz des letzten Kaffees einzuflößen sich entschei-
10 det; ebenso muss mir der Händler, wütend, aber unter dem Strahl des Gebotes ‚Du sollst nicht töten!' eine Schaufel voll in den Kübel schleudern.
Meine Auffahrt schon muss es entscheiden; ich reite deshalb auf dem Kübel hin. Als Kübelreiter, die Hand oben am Griff, dem einfachsten Zaumzeug, drehe ich mich beschwerlich die Treppe hinab; unten aber steigt mein Kübel auf, prächtig, prächtig; Kamele, niedrig am Boden hingelagert,
15 steigen, sich schüttelnd unter dem Stock des Führers, nicht schöner auf. Durch die festgefrorene Gasse geht es in ebenmäßigem Trab; oft werde ich bis zur Höhe der ersten Stockwerke gehoben; niemals sinke ich bis zur Haustüre hinab. Und außergewöhnlich hoch schwebe ich vor dem Kellergewölbe des Händlers, in dem er tief unten an seinem Tischchen kauert und schreibt; um die übergroße Hitze abzulassen, hat er die Tür geöffnet.
20 „Kohlenhändler!", rufe ich mit vor Kälte hohlgebrannter Stimme, in Rauchwolken des Atems gehüllt, „bitte, Kohlenhändler, gib mir ein wenig Kohle. Mein Kübel ist schon so leer, dass ich auf ihm reiten kann. Sei so gut. Sobald ich kann, bezahle ich's."
Der Händler legt die Hand ans Ohr. „Hör ich recht?", fragte er über die Schulter weg seine Frau, die auf der Ofenbank strickt, „hör ich recht? Eine Kundschaft."
25 „Ich höre gar nichts", sagt die Frau, ruhig aus- und einatmend über den Stricknadeln, wohlig im Rücken gewärmt.
„O ja", rufe ich, „ich bin es; eine alte Kundschaft; treu ergeben; nur augenblicklich mittellos."
„Frau", sagt der Händler, „es ist, es ist jemand; so sehr kann ich mich doch nicht täuschen; eine alte, eine sehr alte Kundschaft muss es sein, die mir so zum Herzen zu sprechen weiß."
30 „Was hast du, Mann?", sagte die Frau und drückt, einen Augenblick ausruhend, die Handarbeit an die Brust, „niemand ist es, die Gasse ist leer, alle unsere Kundschaft ist versorgt; wir können für Tage das Geschäft sperren und ausruhn."
„Aber ich sitze doch hier auf dem Kübel", rufe ich und gefühllose Tränen der Kälte verschleiern mir die Augen, „bitte seht doch herauf; Ihr werdet mich gleich entdecken; um eine Schaufel voll
35 bitte ich; und gebt Ihr zwei, macht Ihr mich überglücklich. Es ist doch schon alle übrige Kundschaft versorgt. Ach, hörte ich es doch schon in dem Kübel klappern!"
„Ich komme", sagt der Händler und kurzbeinig will er die Kellertreppe emporsteigen, aber die Frau ist schon bei ihm, hält ihn beim Arm fest und sagt: „Du bleibst. Lässt du von deinem Eigensinn nicht ab, so gehe ich hinauf. Erinnere dich an deinen schweren Husten heute Nacht. Aber für ein
40 Geschäft und sei es auch nur ein eingebildetes, vergisst du Frau und Kind und opferst deine Lungen. Ich gehe."
„Dann nenn ihm aber alle Sorten, die wir auf Lager haben; die Preise rufe ich dir nach."
„Gut", sagt die Frau und steigt zur Gasse auf. Natürlich sieht sie mich gleich. „Frau Kohlenhändlerin", rufe ich, „ergebenen Gruß; nur eine Schaufel Kohle; gleich hier in den Kübel; ich führe sie
45 selbst nach Hause; eine Schaufel von der schlechtesten. Ich bezahle sie natürlich voll, aber nicht gleich, nicht gleich." Was für ein Glockenklang sind die zwei Worte ‚nicht gleich' und wie sinnverwirrend mischen sie sich mit dem Abendläuten, das eben vom nahen Kirchturm zu hören ist!
„Was will er also haben?", ruft der Händler. „Nichts", ruft die Frau zurück, „es ist ja nichts; ich sehe nichts, ich höre nichts; nur sechs Uhr läutet es und wir schließen. Ungeheuer ist die Kälte; morgen
50 werden wir wahrscheinlich noch viel Arbeit haben."
Sie sieht nichts und hört nichts; aber dennoch löst sie das Schürzenband und versucht mich mit der Schürze fortzuwehen. Leider gelingt es. Alle Vorzüge eines guten Reittieres hat mein Kübel; Widerstandskraft hat er nicht; zu leicht ist er; eine Frauenschürze jagt ihm die Beine vom Boden.
„Du Böse", rufe ich noch zurück, während sie, zum Geschäft sich wendend, halb verächtlich, halb
55 befriedigt mit der Hand in die Luft schlägt, „du Böse! Um eine Schaufel von der schlechtesten habe ich gebeten und du hast sie mir nicht gegeben." Und damit steige ich in die Regionen der Eisgebirge und verliere mich auf Nimmerwiedersehen.

Zeichnung Autor
Nachgestaltung der Titelseite.
Hamburger Lesehefte, 189. Heft.

Lit | Name: _____ Datum: _____

Der Kübelreiter
(Franz Kafka)

❶ In welche Sinnabschnitte kannst du die Parabel einteilen?

① _____

② _____

③ _____

④ _____

⑤ _____

❷ Ergänze das Strukturschema der Parabel.

Kübelreiter   → bittet um Hilfe   Kohlenhändler mit Frau

← verwehren Hilfe   wohlige _____

tödliche _____

Die tatsächlichen Verhältnisse entsprechen nicht den Charaktereigenschaften. Der Kohlenhändler und seine Frau haben es _____, besitzen aber emotionale _____, der Kübelreiter lebt in der _____, besitzt aber emotionale _____.

❸ Charakterisiere die drei Hauptpersonen.

① _____ :

_____

② _____ :

_____

③ _____ :

_____

❹ Welche sprachlichen Mittel setzt Kafka in seiner Parabel ein?

_____

_____

_____

❺ Interpretiere Kafkas Parabel.

_____

_____

_____

_____

_____

_____

_____

_____

_____

_____

_____

_____

Lit | Lösung

Der Kübelreiter
(Franz Kafka)

❶ In welche Sinnabschnitte kannst du die Parabel einteilen?

① *Der Ich-Erzähler droht zu erfrieren, denn er hat keine Kohlen mehr.*

② *Er reitet auf einem Kohlenkübel durch die Stadt.*

③ *Er kommt beim Kohlenhändler an und will sich Kohlen leihen.*

④ *Die Frau des Kohlenhändlers gibt ihm nichts und vertreibt ihn mit ihrer Schürze.*

⑤ *Der Kübelreiter verschwindet im Nichts.*

❷ Ergänze das Strukturschema der Parabel.

Kübelreiter   → *bittet um Hilfe* →   Kohlenhändler mit Frau

           ← *verwehren Hilfe* ←   wohlige *Wärme*

tödliche *Kälte*

Die tatsächlichen Verhältnisse entsprechen nicht den Charaktereigenschaften. Der Kohlenhändler und seine Frau haben es *warm*, besitzen aber emotionale *Kälte*, der Kübelreiter lebt in der *Kälte*, besitzt aber emotionale *Wärme*.

❸ Charakterisiere die drei Hauptpersonen.

① *Kübelreiter*:

mittellos, verzweifelt, naiv, hilflos, frustriert

② *Kohlenhändler*:

einfältig, gutmütig, nachgiebig, hat Erbarmen

③ *Frau des Kohlenhändlers*:

hartherzig, auf ihren Profit bedacht, egoistisch, hinterlistig

❹ Welche sprachlichen Mittel setzt Kafka in seiner Parabel ein?

z. B.: Kafka reiht im ersten Satz sieben Ellipsen (unvollständige Sätze) aneinander. Er verwendet ein Oxymoron, bei dem zwei gänzlich entgegengesetzte Vorstellungen miteinander verknüpft sind („Rauchwolken des Atems").

❺ Interpretiere Kafkas Parabel.

Die Parabel pendelt zwischen Tragik und Skurrilität, Realismus und Fantastik hin und her. Das zentrale Symbol der Geschichte ist der schwebende Kübel. Es verweist zum einen auf die fehlenden Kohlen (Existenznot), zum andern auf die Realitätsuntauglichkeit seines Reiters. Historisch gesehen spielt Kafkas Parabel auf die Kohlenknappheit im Kriegswinter 1916/17 an. Mit der Kälte des Winters, die in diesem Text deutlich spürbar wird, benutzt Kafka eine starke Metapher für die soziale Kälte und Ignoranz der Gesellschaft und ihrer Institutionen (Kirche, Staat), die sogar eine Vernichtung des Einzelnen bewirken kann. Kafkas Parabel kann man auch unter biografischem Aspekt interpretieren. So kann der Kübelreiter (= Kafka) als Beispiel für eine weltfremde, lebensuntüchtige Autorenexistenz stehen, während der Kohlenhändler (= Kafkas Vater) als wohlhabender Bürger seine außerordentliche Leistungsfähigkeit im Leben beweist.

Till Eulenspiegel
(Volksgut)

Lerninhalte:

- Kennenlernen einer Episode aus „Till Eulenspiegel"
- Inhaltliche Klärung einschließlich schwieriger Begriffe
- Wissen um die Herkunft des Namen „Eulenspiegel"
- Erkennen des Aufbaus der Streiche Till Eulenspiegels
- Fähigkeit zur Charakterisierung der Person „Eulenspiegel"
- Wissen um die Definition der Literaturform „Schwank"

Arbeitsmittel / Medien:

- Arbeitsblatt
- Textblatt
- Folie 1: Bild Till Eulenspiegel
- Folie 2: Holzschnitte zu acht Streichen von Till Eulenspiegel
- Folie 3: Überschriften zu den acht Streichen von Till Eulenspiegel
- Folie 4: Kurzdefinition Schwank
- Folie 5: Lösungsblatt zum Arbeitsblatt

Folie 1

Folie 3

Till Eulenspiegel. Illustration von Karl Blosfeld

❶ Wie Eulenspiegel in einen Bienenkorb kroch und bei der Nacht zwei kamen, um den Korb zu stehlen, und wie er machte, dass sich die beiden rauften und den Bienenstock fallen ließen.

❷ Wie sich Eulenspiegel bei einem Pfarrer verdingte und wie er ihm die gebratenen Hühner vom Spieß aß.

❸ Wie Eulenspiegel alle Kranken in einem Spital auf einen Tag ohne Arznei gesund machte.

❹ Wie Eulenspiegel einem Schuhmacher diente und ihm das Leder verdarb.

❺ Wie Eulenspiegel drei Schneiderknechte von einem Laden fallen machte und den Leuten sagte, der Wind hätte sie herabgeweht.

❻ Wie Eulenspiegel dem Schmied Hammer und Zangen zusammenschmiedete.

❼ Wie Eulenspiegel die Scharwächter von Nürnberg wach machte, die ihm nachfolgten über einen Steg und ins Wasser fielen.

❽ Wie Eulenspiegel zu Erfurt einen Esel lesen lehrte in einem alten Psalter.

Verlaufsskizze

I. Hinführung

Stummer Impuls	Folie 1 (S. 141)	Till Eulenspiegel
Aussprache		

II. Textdarbietung

	Textblatt (S. 143)	Wie Till Eulenspiegel sich bei einem Schneider verdingte und unter einer Bütte nähte (Volksgut)
Erlesen		
Kurze Aussprache		

III. Arbeit am Text

Impuls		L: Kläre die Begriffe, die wir heute nur sehr selten oder gar nicht mehr verwenden.
Aussprache		
	Tafel	verdingen = arbeiten, einen Dienst annehmen
		Bütte = Zuber, Bottich, großes Gefäß
		Lichter = Kerzen
		L: Was missversteht Till Eulenspiegel? Will er es missverstehen?
Aussprache		• „Nähe so, dass man es nicht sieht."
		• „Mach' den Wolf fertig!"
		• „Wirf' die Ärmel an den Rock!"
Impuls		L: Welche Eigenschaften hat Till Eulenspiegel, welche der Schneidermeister?
Aussprache		Till: schlau, klug, gerissen, derb, makaberer Humor
		Meister: gutmütig, zum Schluss gereizt
Stummer Impuls	Folie 2 (S. 144)	Acht Streiche von Till Eulenspiegel
Aussprache		
Lehrererzählung		
Zusammenfassung	Folie 3 (S. 141)	Überschriften zu den acht Streichen von Till Eulenspiegel
Impuls		L: Finde Eigenschaften von Tills Gegenspielern.
Aussprache		habgierig, reizbar, einfältig, naiv, aggressiv

IV. Wertung

		L: Diese Art der Geschichte nennt man einen Schwank. Welche Merkmale könnte ein Schwank haben?
Aussprache	Folie 4 (S. 142)	Definition Schwank

Unter einem **Schwank** versteht man die kurze Erzählung einer komischen Begebenheit aus dem Volksleben. Hier treten sich meist zwei Figuren gegenüber, von denen die eine der anderen scheinbar oder tatsächlich überlegen ist, z. B. der Knecht dem Herrn, der Gaukler dem Bürger, der Verführer der naiven Person. In realitätsnahen, derben Situationen steht ein Konflikt im Mittelpunkt, der oft auch Tabuthemen wie Sexualität mit einbezieht.

V. Sicherung

Zusammenfassung	Arbeitsblatt (S. 145)	Till Eulenspiegel (Volksgut)
Kontrolle (Lösungsblatt)	Folie 5 (S. 146)	
Abschließendes Lesen		Wie Till Eulenspiegel sich bei einem Schneider verdingte und unter einer Bütte nähte (Volksgut)

VI. Ausweitung

	CD (Ausschnitte)	Richard Strauss: Till Eulenspiegels lustige Streiche (sinfonische Dichtung)

Till Eulenspiegel (Volksgut)

Wie Eulenspiegel sich bei einem Schneider verdingte und unter einer Bütte nähte

Eulenspiegel kam nach Berlin und verdingte sich als Schneidergeselle. Als er in der Werkstatt saß, sagte der Meister zu ihm: „Geselle, wenn du nähst, so nähe gut und nähe so, dass man es nicht sieht." Eulenspiegel sagte ja, stand auf, nahm Nadel und Gewand und kroch damit unter eine Bütte. Er steppte eine Naht übers Knie und begann, darüber zu nähen. Der Schneider stand,

5 sah das an und sprach zu ihm: „Was willst du tun? Das ist ein seltsames Nähwerk." Eulenspiegel sprach: „Meister, Ihr sagtet, ich sollte nähen, dass man es nicht sieht; so sieht es niemand." Der Schneider sprach: „Nein, mein lieber Geselle, höre auf und nähe nicht mehr also! Beginne so zu nähen, dass man es sehen kann!"

Das währte etwa drei Tage. Da geschah es am späten Abend, dass der Schneider müde wurde

10 und zu Bett gehen wollte. Ein grauer Bauernrock lag noch halb ungenäht da. Den warf er Eulenspiegel zu und sagte: „Sieh her, mach den Wolf fertig und geh danach auch zu Bett." Eulenspiegel sprach: „Ja, geht nur, ich will es schon recht tun." Der Meister ging zu Bett und dachte an nichts Böses. Eulenspiegel nahm den grauen Rock, schnitt ihn auf und machte daraus einen Kopf wie von einem Wolf, dazu Leib und Beine und spreizte alles mit Stecken auseinander, dass es wie ein

15 Wolf aussah. Dann ging er zu Bett.

Des Morgens stand der Meister auf, weckte Eulenspiegel und fand den Wolf im Zimmer stehen. Der Schneider war bestürzt, doch sah er wohl, dass es ein nachgemachter Wolf war. Unterdessen kam Eulenspiegel dazu. Da sprach der Schneider: „Was, zum Teufel, hast du daraus gemacht?" Er sagte: „Einen Wolf, wie Ihr mich geheißen habt." Der Schneider sprach: „Solchen Wolf meinte

20 ich nicht. Ich nannte nur den grauen Bauernrock einen Wolf." Eulenspiegel sagte: „Lieber Meister, das wusste ich nicht. Hätte ich aber gewusst, dass so Eure Meinung war, ich hätte lieber den Rock gemacht als den Wolf." Der Schneider gab sich damit zufrieden, denn es war einmal geschehen. Nun ergab es sich nach vier Tagen, dass der Meister wieder abends müde war und gerne zeitig geschlafen hätte. Ihm dünkte jedoch, es sei noch zu früh, dass auch der Geselle zu Bett ging. Und

25 es lag da ein Rock, der war fertig bis auf die Ärmel. Der Schneider nahm den Rock und die losen Ärmel, warf sie Eulenspiegel zu und sagte: „Wirf noch die Ärmel an den Rock und geh danach zu Bett." Eulenspiegel sagte ja. Der Meister ging zu Bett, und Eulenspiegel hing den Rock an den Haken. Dann zündete er zwei Lichter an, auf jeder Seite des Rockes ein Licht, nahm einen Ärmel und warf ihn an den Rock, ging dann auf die andere Seite und warf den zweiten auch daran. Und

30 wenn zwei Lichter heruntergebrannt waren, so zündete er zwei andere an und warf die Ärmel an den Rock die ganze Nacht bis an den Morgen.

Da stand sein Meister auf und kam in das Zimmer, aber Eulenspiegel kümmerte sich nicht um den Meister und warf weiter mit den Ärmeln nach dem Rock. Der Schneider stand, sah das an und sprach: „Was, zum Teufel, machst du jetzt für ein Gaukelspiel?" Eulenspiegel sagte ganz

35 ernst: „Das ist für mich kein Gaukelspiel, ich habe diese ganze Nacht gestanden und die widerspenstigen Ärmel an diesen Rock geworfen, aber sie wollen daran nicht kleben. Es wäre wohl besser gewesen, dass Ihr mich hättet schlafen gehen heißen, als dass Ihr mich hießet, sie anzuwerfen. Ihr wusstet doch, dass es verlorene Arbeit war." Der Schneider sprach: „Ist das nun meine Schuld? Wusste ich, dass du das so verstehen würdest? Ich meinte das nicht so, ich meinte, du

40 solltest die Ärmel an den Rock nähen." Da sagte Eulenspiegel: „Das soll Euch der Teufel lohnen! Pflegt Ihr ein Ding anders zu nennen, als Ihr es meint, wie könnt Ihr das zusammenreimen? Hätte ich Eure Meinung gewusst, so wollte ich die Ärmel gut angenäht haben und hätte auch noch ein paar Stunden geschlafen. So mögt Ihr nun den Tag sitzen und nähen, ich will gehen und mich hinlegen und schlafen." Der Meister sprach: „Nein, nicht also, ich will dich nicht als einen Schläfer

45 unterhalten."

So zankten sie miteinander. Und der Schneider sprach im Streit Eulenspiegel wegen der Lichter an: er solle ihm die Lichter bezahlen, die er ihm verbrannt hätte. Da raffte Eulenspiegel seine Sachen zusammen und wanderte davon.

Wie Eulenspiegel in einen Bienenkorb kroch und bei der Nacht zwei kamen, um den Korb zu stehlen, und wie er machte, dass sich die beiden rauften und wegliefen.

Wie sich Eulenspiegel beim einem Pfarrer verdingte und wie er ihm die gebratenen Hühner vom Spieß aß.

Wie Eulenspiegel alle Kranken in einem Spital auf einen Tag ohne Arznei gesund machte.

Wie Eulenspiegel einem Schuhmacher diente und ihm das Leder verdarb.

Wie Eulenspiegel drei Schneiderknechte von einem Laden fallen machte und den Leuten sagte, der Wind hätte sie herabgeweht.

Wie Eulenspiegel einem Schmied Hammer und Zangen zusammenschmiedete.

Wie Eulenspiegel die Scharwächter von Nürnberg wach machte, die ihm nachfolgten über einen Steg und ins Wasser fielen.

Wie Eulenspiegel in Erfurt einen Esel lesen lehrte in einem alten Psalter.

Till Eulenspiegel: Holzschnitte von Tobias Stimmer (1539–1584)

Lit Name: _____ Datum: _____

Till Eulenspiegel
(Volksgut)

Die älteste erhaltene Fassung einer Till-Eulenspiegel-Geschichte stammt aus dem Jahr 1510/1511.

❶ **Wer war Till Eulenspiegel?**

_____

_____

_____

❷ **Woher kommt der Name „Eulenspiegel" ursprünglich? Suche im Internet.**

_____

_____

_____

❸ **Wie entstehen die meisten Streiche Till Eulenspiegels?**

_____

_____

_____

❹ **Welche Missverständnisse tauchen in der Episode „Wie Eulenspiegel sich zu einem Schneider verdingte und unter einer Bütte nähte" auf?**

① „Nähe so, dass man es nicht sieht."

Eulenspiegel meint, _____

_____

② „Mach den Wolf fertig."

Eulenspiegel meint, _____

_____

③ „Wirf noch die Ärmel an den Rock."

Eulenspiegel meint, _____

_____

❺ **Ergänze die Grafik.**

Volk

Lit | Lösung

Till Eulenspiegel
(Volksgut)

Die älteste erhaltene Fassung einer Till-Eulenspiegel-Geschichte stammt aus dem Jahr 1510/1511.

❶ Wer war Till Eulenspiegel?

Till Eulenspiegel (Ulenspegel, Ulenspiegel) war ein Gaukler. Er wurde wahrscheinlich um 1300 in Kneitlingen/Niedersachsen geboren und starb 1350 in Mölln.

❷ Woher kommt der Name „Eulenspiegel" ursprünglich? Suche im Internet.

Der Name Eulenspiegel kommt ursprünglich nicht von dem Wort „Eule", sondern vom mittelniederdeutschen „ulen" (wischen) und „spegel" (Spiegel, Hintern). Der Ausruf „Ul'n spegel" bedeutete also „Wisch mir'n Hintern" oder vulgär „Leck mich am Arsch".

❸ Wie entstehen die meisten Streiche Till Eulenspiegels?

Eulenspiegels Streiche ergeben sich meist daraus, dass er eine bildliche Redewendung wörtlich nimmt. Er macht das, um die Unzulänglichkeiten seiner Mitmenschen bloßzustellen und die Missstände seiner Zeit aufzudecken.

❹ Welche Missverständnisse tauchen in der Episode „Wie Eulenspiegel sich zu einem Schneider verdingte und unter einer Bütte nähte" auf?

① „Nähe so, dass man es nicht sieht."

Eulenspiegel meint, *er dürfe niemanden beim Nähen zuschauen lassen. Deshalb kriecht er in einen großen Bottich und näht dort das Gewand.*

② „Mach den Wolf fertig."

Eulenspiegel meint, *er müsse einen wolfähnlichen Rock schneidern, mit einem Wolfskopf, Leib und Beinen.*

③ „Wirf noch die Ärmel an den Rock."

Eulenspiegel meint, *er müsse die beiden Ärmel an die linke und rechte Seite des Rocks werfen. Allerdings fallen sie bei den Wurfversuchen immer zu Boden.*

❺ Ergänze die Grafik.

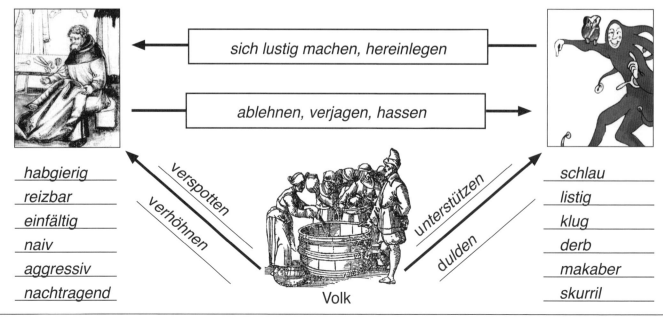

sich lustig machen, hereinlegen

ablehnen, verjagen, hassen

habgierig
reizbar
einfältig
naiv
aggressiv
nachtragend

verspotten
verhöhnen

unterstützen
dulden

Volk

schlau
listig
klug
derb
makaber
skurril

Der kluge Richter
(Johann Peter Hebel)

Lerninhalte:

- Kennenlernen eines Schwanks von Johann Peter Hebel
- Inhaltliches Erschließen des Schwanks
- Herausfinden der Charaktereigenschaften der beiden Hauptpersonen
- Herausfinden des Schwankmotivs (betrogener Betrüger)
- Fähigkeit, die Intention des Verfassers zu erfassen
- Wissen um die Merkmale des Schwanks

Arbeitsmittel / Medien:

- Arbeitsblatt
- Textblatt
- Bild für die Tafel: Richter mit zwei Klägern
- Folie 1: Definition Schwank
- Folie 2: Lösungsblatt zum Arbeitsblatt

Folie 1

Der Schwank

Der Schwank ist eine komische, auf eine Pointe hin ausgerichtete, relativ kurze Erzählung eines lustigen oder bösartigen Streichs. Das Wort „Schwank" hat seine Wurzel in dem mittelhochdeutschen Ausdruck „swanc" und bedeutete ursprünglich „Schlag, Streich, Hieb".

Die erzählerische Grundstruktur basiert auf der konfliktbeladenen Zuordnung zweier sozial, intellektuell oder sexuell höchst unterschiedlicher Gegner, wobei der zunächst Unterlegene sich dem Überlegenen gleichstellt oder sogar über ihn triumphiert. Selten kommt es vor, dass die Auflehnung scheitert und sich die Überlegenheit des Gegners vergrößert, noch seltener, dass die Spannung unaufgelöst bleibt. Charakteristisch ist also eine Art Wettkampfsituation, bei der List gegen List oder List gegen Gewalt eingesetzt wird. Dabei werden oft soziale Normen und Regeln der Logik außer Kraft gesetzt, was die Spannung erhöht und den Unterhaltungswert des Schwankes fördert.

Die Schildbürger
Zeichnung: Georg Mühlberg

Till Eulenspiegel
Zeichnung: Walter Trier

Die sieben Schwaben
Zeichnungen: Georg Mühlberg

Verlaufsskizze

I. Hinführung

		L: Was ist ein Schwank?
Aussprache		
Ergebnis	Folie 1 (S. 147)	Der Schwank
Erlesen		
		L: Wer weiß, worum es auf den Bildern geht?
Aussprache		
Ergebnis		• Die Schildbüger
		• Till Eulenspiegel
		• Die sieben Schwaben
Überleitung		L: Wir lernen heute einen Schwank von Johann Peter Hebel kennen.
Zielangabe		Der kluge Richter (Johann Peter Hebel)

II. Textdarbietung

	Textblatt (S. 149)	Der kluge Richter (J. P. Hebel)
Erlesen		
Spontanäußerungen		

III. Arbeit am Text

Stummer Impuls	Bild (S. 150)	Richter mit zwei Klägern
Aussprache		
Impuls		L: Fasse kurz den Inhalt zusammen.
Aussprache		
Ergebnis	Tafel	Ein Mann wird von einem geizigen Reichen beschuldigt, den Finderlohn seines verlorenen Geldes bei der Rückgabe schon eingesteckt zu haben. Durch einen klugen Richtspruch wird dem ehrlichen Finder das Geld zugesprochen, der betrügerische Reiche geht leer aus.
Arbeitsaufträge	Tafel	① Charakterisiere die drei Hauptpersonen.
		② Finde Sprichwörter oder Redensarten, die den Sachverhalt von Hebels Schwank treffen.
Partnerarbeit		
Zusammenfassung		zu ① Reiche: gemein, geizig, unverschämt
		Finder: ehrlich, redlich, gut, rechtschaffen
		Richter: klug, weise, raffiniert
		zu ② Ehrlich währt am längsten.
		Wer einem eine Grube gräbt, fällt selbst hinein.

IV. Wertung

Leitfragen		① Was will Hebel dem Leser mitteilen?
		② Verhalten wir uns so, wie Hebel es gerne möchte?
Aussprache		

V. Sicherung

Zusammenfassung	Arbeitsblatt (S. 151)	Der kluge Richter (J. P. Hebel)
Kontrolle (Lösungsblatt)	Folie 2 (S. 152)	
Abschließendes Lesen		Der kluge Richter (J. P. Hebel)

Der kluge Richter (Johann Peter Hebel)

Ein reicher Mann hatte eine beträchtliche Geldsumme, welche in ein Tuch eingenäht war, aus Unvorsichtigkeit verloren. Er machte daher seinen Verlust bekannt und bot, wie man zu tun pflegt, dem ehrlichen Finder eine Belohnung – und zwar von hundert Talern.
Da kam bald ein guter und ehrlicher Mann dahergegangen. „Dein Geld habe ich gefunden.
5 Dies wird's wohl sein! So nimm dein Eigentum zurück."
So sprach er mit dem heitern Blick eines ehrlichen Mannes und eines guten Gewissens – und das war schön. Der andere machte auch ein fröhliches Gesicht, aber nur, weil er sein verloren geschätztes Geld wieder hatte. Denn wie es um seine Ehrlichkeit aussah, das wird sich bald zeigen.
10 Er zählte das Geld und dachte unterdessen geschwind nach, wie er den treuen Finder um seine versprochene Belohnung bringen könnte. „Guter Freund", sprach er hierauf, „es waren eigentlich 800 Taler in dem Tuch eingenäht. Ich finde aber nur noch 700 Taler. Ihr werdet also wohl eine Naht aufgetrennt und Eure 100 Taler Belohnung schon herausgenommen haben. Da habt Ihr wohl daran getan. Ich danke Euch."
15 Das war nicht schön. Aber wir sind auch noch nicht am Ende. Ehrlich währt am längsten und Unrecht schlägt seinen eigenen Herrn. Der ehrliche Finder, dem es weniger um die 100 Taler als um seine unbescholtene Rechtschaffenheit zu tun war, versicherte, dass er das Päcklein so gefunden habe.
Am Ende kamen sie vor den Richter. Beide bestanden auch hier noch auf ihrer Behaup-
20 tung: der eine, dass 800 Taler seien eingenäht gewesen, der andere, dass er von dem Gefundenen nichts genommen und das Päcklein nicht versehrt habe. Da war guter Rat teuer.
Aber der kluge Richter, der die Ehrlichkeit des einen und die schlechte Gesinnung des andern im Voraus zu kennen schien, griff die Sache so an: Er ließ sich von beiden über
25 das, was sie aussagten, eine feste und feierliche Versicherung geben – und tat hierauf folgenden Ausspruch: „Demnach, und wenn der eine von euch 800 Taler verloren, der andere aber nur ein Päcklein von 700 Taler gefunden hat, so kann das Geld des Letzteren nicht das nämliche sein, auf welches der Erstere ein Recht hat. Du, ehrlicher Freund, nimmst also das Geld, welches du gefunden hast, wieder zurück und behältst es in guter
30 Verwahrung, bis der kommt, welcher nur 700 Taler verloren hat. Und dir da weiß ich keinen Rat, als du geduldest dich, bis derjenige sich meldet, der deine 800 Taler findet."
So sprach der Richter – und dabei blieb es.

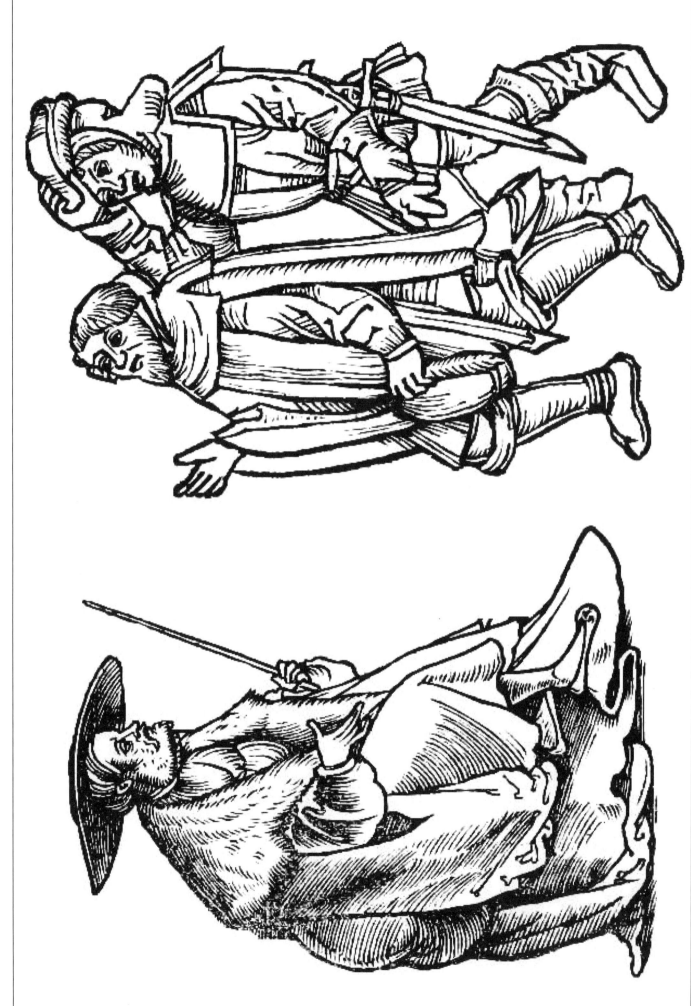

Die Bambergische Halsgerichtsordnung. Johann Freiherr von Schwarzenberg (1531)

Lit | Name: _____ | Datum: _____

Der kluge Richter
(Johann Peter Hebel)

❶ **Fasse kurz den Inhalt des Schwanks zusammen.**

_____

_____

_____

_____

_____

❷ **Vervollständige die Grafik unten.**

gibt das gefundene _____ zurück

will den _____ nicht bezahlen

Der Finder:

_____

_____

_____

_____

Der Reiche:

_____

_____

_____

Der Richter: _____

❸ **Welche der Sprichwörter treffen den Kern von J. P. Hebels Schwank? Kreuze an.**

☐ Wer zuletzt lacht, lacht am besten.

☐ Undank ist der Welt Lohn.

☐ Ehrlich währt am längsten.

☐ Wer einem eine Grube gräbt, fällt selbst hinein.

☐ Undank schlägt seinen eigenen Herrn.

☐ Wenn sich zwei streiten, freut sich der Dritte.

❹ **Welche Merkmale hat ein Schwank?**

_____

_____

_____

_____

❺ **Was will Johann Peter Hebel mit seinem Schwank beim Leser erreichen? Kreuze an.**

☐ Er will uns belehren.   ☐ Er will uns eine wahre Geschichte erzählen.

☐ Er will erziehlich auf uns einwirken.   ☐ Er will uns zum Nachdenken bringen.

☐ Er will informieren.   ☐ Er will uns traurig machen.

Lit | Lösung

Der kluge Richter
(Johann Peter Hebel)

❶ **Fasse kurz den Inhalt des Schwanks zusammen.**

Ein Mann wird von einem geizigen Reichen beschuldigt, den Finderlohn seines verlorenen Geldes bei der Rückgabe schon eingesteckt zu haben. Durch einen klugen Richtspruch wird dem ehrlichen Finder das Geld zugesprochen, der betrügerische Reiche geht leer aus.

❷ **Vervollständige die Grafik unten.**

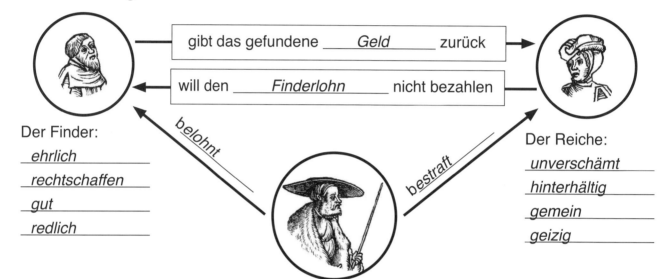

gibt das gefundene ___*Geld*___ zurück

will den ___*Finderlohn*___ nicht bezahlen

Der Finder:
ehrlich
rechtschaffen
gut
redlich

belohnt

bestraft

Der Reiche:
unverschämt
hinterhältig
gemein
geizig

Der Richter: *klug, weise, raffiniert*

❸ **Welche der Sprichwörter treffen den Kern von J. P. Hebels Schwank? Kreuze an.**

☐ Wer zuletzt lacht, lacht am besten.
☐ Undank ist der Welt Lohn.
☒ Ehrlich währt am längsten.
☒ Wer einem eine Grube gräbt, fällt selbst hinein.
☒ Undank schlägt seinen eigenen Herrn.
☐ Wenn sich zwei streiten, freut sich der Dritte.

❹ **Welche Merkmale hat ein Schwank?**

Ein Schwank ist meistens eine kurze Erzählung, die von einer komischen Situation berichtet. Dabei überlistet ein Schelm die übrigen Personen, ein Dummer wird also betrogen. Oft ist dieser Überlistete höhergestellt. Der Schwank ist darauf konzentriert, relativ schnell und ohne Umwege zum witzigen oder überraschenden Schluss, der Pointe, zu kommen.

❺ **Was will Johann Peter Hebel mit seinem Schwank beim Leser erreichen? Kreuze an.**

☒ Er will uns belehren.
☒ Er will erziehlich auf uns einwirken.
☐ Er will informieren.

☐ Er will uns eine wahre Geschichte erzählen.
☒ Er will uns zum Nachdenken bringen.
☐ Er will uns traurig machen.

Unverhofftes Wiedersehen
(Johann Peter Hebel)

Lerninhalte:

- Kennenlernen einer Kalendergeschichte von Johann Peter Hebel
- Inhaltliche Erfassung des Textes
- Fähigkeit zur Gliederung in Sinnabschnitte
- Wissen um die im Text angesprochenen geschichtlichen Ereignisse
- Erfassen der Intention des Autors
- Kennenlernen des Autorenporträts

Arbeitsmittel / Medien:

- Arbeitsblatt
- Textblatt
- Bild für die Tafel: Unverhofftes Wiedersehen
- Folie 1: Autorenporträt Johann Peter Hebel
- Folie 2: Lösungsblatt Arbeitsblatt

Folie 1

Johann Peter Hebel

Er wurde am 10. Mai 1760 in Basel geboren. Weil seine Eltern als Angestellte eines Basler Patriziers zwischen Basel (im Sommer) und Hausen (im Winter) pendelten, besuchte er ab 1766 die Volksschule in Hausen, ab 1769 die Lateinschule in Schopfheim. In den Sommermonaten war er Schüler der Gemeindeschule in Basel und ab dem Jahre 1772 des dortigen Gymnasiums am Münsterplatz. 1773 starb seine Mutter. Im Jahre 1774 wechselte er auf das Gymnasium in Karlsruhe. Sein zweijähriges Theologiestudium begann er 1778 in Erlangen. Danach bereitete er sich auf sein theologisches Examen vor und schloss dies im Jahre 1780 ab. Gleich darauf trat er eine Stelle als Hauslehrer und Vikar in Hertingen an und wurde 1783 zum Hilfslehrer am Pädagogium in Lörrach ernannt. 1791 berief man ihn zum Subdiakon ans Karlsruher Gymnasium. Professor für Dogmatik wurde er im Jahre 1798 und unterrichtete bis 1814 als Gymnasiallehrer. Im Jahre 1819 wurde er Prälat der evangelischen Landeskirche.

Projekt Gutenberg © Spiegel online 2011

Die Frau, der Hebel am nächsten stand und der er bis zu seinem frühen Ende innige Briefe geschrieben hat, war Gustave Fecht (1768–1828). Sie war in seinem Alter und sie war ungebunden, er aber scheute ihre Nähe, obwohl er sie glühend verehrte.

Am 22. September 1826 starb Johann Peter Hebel in Schwetzingen an den Folgen eines Krebsleidens. Hebel war im Grunde ein Melancholiker, der sich in den Witz rettete. Er war auch ein Pessimist, der, da ihm das Rätsel des menschlichen Lebens unlösbar schien, Versrätsel und Knobelaufgaben liebte. Er suchte die Widersprüchlichkeit des Daseins, was sich auch in einer seiner kürzesten Kalendergeschichten zeigt: *Ein Büblein klagt seiner Mutter: „Der Vater hat mir eine Ohrfeige gegeben." Der Vater aber kam dazu und sagte: „Lügst du wieder? Willst du noch eine?"* Er schrieb die Allemannischen Gedichte (1803), die Goethe und Jean Paul begeisterten, sowie seine berühmten Kalendergeschichten. Hier war er nun in seinem Element, wo er seinem Witz und dem Drang nach Poesie freien Lauf lassen konnte. Hebel wurde in seiner Gegend sehr verehrt. So kam es, dass er kein Pfarrer, aber einer der größten deutschen Dichter wurde.

Ulrich Greiner: Kleists älterer Bruder. © DIE ZEIT , 6. Mai 2010

Verlaufsskizze

I. Hinführung

Impuls		L: Ernst Bloch soll gesagt haben, dass dies „die schönste Geschichte der Welt sei."
Aussprache		
Überleitung		L: Die Geschichte gehört zu den Kalendergeschichten und stammt von Johann Peter Hebel.
Zielangabe	Tafel	Unverhofftes Wiedersehen (Johann Peter Hebel)
Lehrerinformation	Folie 1 (S. 153)	Autorenporträt: Johann Peter Hebel
Aussprache		

II. Textdarbietung

	Textblatt (S. 155)	Unverhofftes Wiedersehen
Erlesen		
Spontanäußerungen		

III. Arbeit am Text

Stummer Impuls	Bild (S. 156)	Unverhofftes Wiedersehen
Aussprache		
Impuls		L: Fasse kurz den Inhalt zusammen.
Aussprache		Eine junge Frau verliert ihren Bräutigam durch ein Grubenunglück. Fünfzig Jahre später wird sein Leichnam vollkommen konserviert aus einem eingestürzten Schacht geborgen. Seine Braut, die inzwischen eine alte Frau ist, hat die Gelegenheit, ihn noch einmal zu sehen. Ihre Liebe zu ihm flammt bei seinem Anblick wieder auf, das Wiedersehen macht sie ruhig und glücklich. Sie hofft, bald mit ihm wieder vereint zu sein.
Impuls		L: Hebel zählt in wenigen Zeilen 16 historische Ereignisse auf. Welche Absicht steckt dahinter?
Aussprache		
Ergebnis		Hebel will damit das rasche Vergehen und die Unbeständigkeit der Zeit, rund fünfzig Jahre, aufzeigen. Dem gegenüber steht die Macht der Liebe, die zeitlos ist.

IV. Wertung

Leitfrage		L: Was will Hebel mit seiner Geschichte aussagen?
Aussprache		
		L: Was bedeutet Liebe?
Aussprache		

V. Sicherung

Zusammenfassung	Arbeitsblatt (S. 157)	Unverhofftes Wiedersehen (J. P. Hebel)
Kontrolle (Lösungsblatt)	Folie 2 (S. 158)	
Abschließendes Lesen		Unverhofftes Wiedersehen (J. P. Hebel)

Hubert Albus: Fabeln, Parabeln und Schwänke · Best.-Nr. 755 · © Brigg Pädagogik Verlag GmbH, Augsburg

Unverhofftes Wiedersehen (Johann Peter Hebel)

In Falun in Schweden küsste vor guten fünfzig Jahren und mehr ein junger Bergmann seine junge hübsche Braut und sagte zu ihr: „Auf Sankt Luciä wird unsere Liebe von des Priesters Hand gesegnet. Dann sind wir Mann und Weib und bauen uns ein eigenes Nestlein." – „Und Friede und Liebe soll darin wohnen", sagte die schöne Braut mit holdem Lächeln, „denn du bist mein Einziges und
5   Alles, und ohne dich möchte ich lieber im Grab sein als an einem andern Ort."
Als sie aber vor St. Luciä der Pfarrer zum zweiten Male in der Kirche ausgerufen hatte: „So nun jemand Hindernis wusste anzuzeigen, warum diese Personen nicht möchten ehelich zusammenkommen", da meldete sich der Tod. Denn als der Jüngling den andern Morgen in seiner schwarzen Bergmannskleidung an ihrem Haus vorbeiging, der Bergmann hat sein Totenkleid immer an, da
10 klopfte er zwar noch einmal an ihrem Fenster und sagte ihr guten Morgen, aber keinen guten Abend mehr. Er kam nimmer aus dem Bergwerk zurück, und sie saumte vergeblich selbigen Morgen ein schwarzes Halstuch mit rotem Rand für ihn zum Hochzeittag, sondern als er nimmer kam, legte sie es weg und weinte um ihn und vergaß ihn nie.
Unterdessen wurde die Stadt Lissabon in Portugal durch ein Erdbeben zerstört, und der Siebenjährige
15 Krieg ging vorüber, und Kaiser Franz der Erste starb, und der Jesuitenorden wurde aufgehoben und Polen geteilt, und die Kaiserin Maria Theresia starb, und der Struensee wurde hingerichtet, Amerika wurde frei, und die vereinigte französische und spanische Macht konnte Gibraltar nicht erobern. Die Türken schlossen den General Stein in der Veteraner Höhle in Ungarn ein, und der Kaiser Joseph starb auch. Der König Gustav von Schweden eroberte russisch Finnland, und die französische Re-
20 volution und der lange Krieg fing an, und der Kaiser Leopold der Zweite ging auch ins Grab. Napoleon eroberte Preußen, und die Engländer bombardierten Kopenhagen, und die Ackerleute säeten und schnitten. Der Müller mahlte, und die Schmiede hämmerten, und die Bergleute gruben nach den Metalladern in ihrer unterirdischen Werkstatt.
Als aber die Bergleute in Falun im Jahr 1809 etwas vor oder nach Johannis zwischen zwei Schachten
25 eine Öffnung durchgraben wollten, gute dreihundert Ellen tief unter dem Boden, gruben sie aus dem Schutt und Vitriolwasser den Leichnam eines Jünglings heraus, der ganz mit Eisenvitriol durchdrungen, sonst aber unverwest und unverändert war, also dass man seine Gesichtszüge und sein Alter noch völlig erkennen konnte, als wenn er erst vor einer Stunde gestorben oder ein wenig eingeschlafen wäre an der Arbeit. Als man ihn aber zu Tag ausgefördert hatte, Vater und Mutter, Gefreundte und
30 Bekannte waren schon lange tot, kein Mensch wollte den schlafenden Jüngling kennen oder etwas von seinem Unglück wissen, bis die ehemalige Verlobte des Bergmanns kam, der eines Tages auf die Schicht gegangen war und nimmer zurückkehrte. Grau und zusammengeschrumpft kam sie an einer Krücke an den Platz und erkannte ihren Bräutigam; und mehr mit freudigem Entzücken als mit Schmerz sank sie auf die geliebte Leiche nieder, und erst als sie sich von einer langen heftigen
35 Bewegung des Gemüts erholt hatte, „es ist mein Verlobter", sagte sie endlich, „um den ich fünfzig Jahre lang getrauert hatte und den mich Gott noch einmal sehen lässt vor meinem Ende. Acht Tage vor der Hochzeit ist er auf die Grube gegangen und nimmer gekommen." Da wurden die Gemüter aller Umstehenden von Wehmut und Tränen ergriffen, als sie sahen die ehemalige Braut jetzt in der Gestalt des hingewelkten kraftlosen Alters und den Bräutigam noch in seiner jugendlichen Schöne,
40 und wie in ihrer Brust nach fünfzig Jahren die Flamme der jugendlichen Liebe noch einmal erwachte; aber er öffnete den Mund nimmer zum Lächeln oder die Augen zum Wiedererkennen; und wie sie ihn endlich von den Bergleuten in ihr Stüblein tragen ließ, als die einzige, die ihm angehöre und ein Recht an ihn habe, bis sein Grab gerüstet sei auf dem Kirchhof.
Den andern Tag, als das Grab gerüstet war auf dem Kirchhof und ihn die Bergleute holten, (schloss
45 sie ein Kästlein auf), legte (sie) ihm das schwarzseidene Halstuch mit roten Streifen um und begleitete ihn in ihrem Sonntagsgewand, als wenn es ihr Hochzeitstag und nicht der Tag seiner Beerdigung wäre. Denn als man ihn auf dem Kirchhof ins Grab legte, sagte sie: „Schlafe nun wohl, noch einen Tag oder zehn im kühlen Hochzeitsbett, und lass dir die Zeit nicht lang werden. Ich habe nur noch wenig zu tun und komme bald, und bald wird's wieder Tag. Was die Erde einmal wiedergegeben
50 hat, wird sie zum zweiten Male auch nicht behalten", sagte sie, als sie fortging und noch einmal umschaute.

Illustration aus dem „Rheinländischen Hausfreund" (1811)

Lit | Name: _____ | Datum: _____

Unverhofftes Wiedersehen
(Johann Peter Hebel)

Die als Meisterwerk gerühmte Kalendergeschichte – Ernst Bloch nannte sie „die schönste Ge-schichte der Welt" – erschien erstmals 1811 in dem von Hebel herausgegebenen Kalender „Der Rheinländische Hausfreund".

❶ Gib kurz den Inhalt der Kalendergeschichte wieder.

_____

_____

_____

_____

_____

❷ Welche Werte sind der alten Frau wichtig?

_____

❸ Um das rasche Vergehen und die Unbeständig-keit der Zeit zu zeigen, zählt Hebel im Zeitrafferstil wichtige geschichtliche Ergeignisse auf. Suche zu den Ereignissen die wichtigsten historischen Eck-daten heraus.

_____

_____

_____

_____

_____

_____

❹ In Hebels Kalendergeschichte kommen starke Kontraste vor. Welche?

_____

_____

_____

_____

_____

Kupferbergwerk Falun/Schweden ◄———————————► Weltgeschichtliche Ereignisse

❺ Was will Hebel mit seiner Kalendergeschichte aussagen?

_____

_____

_____

_____

Lit | Lösung

Unverhofftes Wiedersehen
(Johann Peter Hebel)

Die als Meisterwerk gerühmte Kalendergeschichte – Ernst Bloch nannte sie „die schönste Geschichte der Welt" – erschien erstmals 1811 in dem von Hebel herausgegebenen Kalender „Der Rheinländische Hausfreund".

❶ **Gib kurz den Inhalt der Kalendergeschichte wieder.**

Eine junge Frau verliert ihren Bräutigam durch ein Grubenunglück. Fünfzig Jahre später wird sein Leichnam vollkommen konserviert aus einem eingestürzten Schacht geborgen. Seine Braut, inzwischen eine alte Frau, hat die Gelegenheit, ihn noch einmal zu sehen. Ihre Liebe zu ihm flammt bei seinem Anblick wieder auf, das Wiedersehen macht sie ruhig und glücklich. Sie hofft, bald mit ihm wiedervereint zu sein.

❷ **Welche Werte sind der alten Frau wichtig?**

Liebe, Treue, Lebensmut, Religiösität, Glaube an ein Weiterleben nach dem Tod

❸ **Um das rasche Vergehen und die Unbeständigkeit der Zeit zu zeigen, zählt Hebel im Zeitrafferstil wichtige geschichtliche Ergeignisse auf. Suche zu den Ereignissen die wichtigsten historischen Eckdaten heraus.**

1. Lissabon wurde 1775 durch ein Erdbeben zerstört. 2. Der Siebenjährige Krieg (1756–1763) ging vorüber. 3. Kaiser Franz I. starb. 4. Der Jesuitenordnen wurde aufgehoben. 5. Polen wurde geteilt. 6. Kaiserin Maria Theresia starb. 7. Struensee wurde 1772 hingerichtet. 8. Amerika wurde frei. 9. Die vereinigte französische und spanische Macht konnte Gibraltar nicht erobern. 10. Die Türken schlossen General Stein in der Veternarer Höhle in Ungarn ein. 11. Kaiser Franz Joseph starb. 12. Die Französische Revolution fing 1789 an. 13. Der lange Krieg fing an. 14. Kaiser Leopold II. ging ins Grab. 15. Napoleon eroberte Preußen. 16. Die Engländer bombardierten Kopenhagen.

❹ **In Hebels Kalendergeschichte kommen starke Kontraste vor. Welche?**

Leben (weiß) ←→ *Tod (schwarz)*

Einzelschicksal (ohne Weltwirkung) ←→ *Weltgeschehen*

Macht der Natur ←→ *Ohnmacht des Einzelnen*

Macht Gottes ←→ *Glaube und Hoffnung des einzelnen Menschen*

Kupferbergwerk Falun/Schweden ◄—————————————► Weltgeschichtliche Ereignisse

❺ **Was will Hebel mit seiner Kalendergeschichte aussagen?**

Was Liebe sein kann, zeigt Hebel in seiner Geschichte deutlich. Nur sie kann dem Menschen in der Hektik der Zeit Halt geben und ihn die Vergänglichkeit des Lebens leichter ertragen lassen. Liebe besiegt den Tod. Der unerschütterliche Glaube der Frau an ein Leben nach dem Tod zusammen mit ihrem Geliebten wird im Satz „Was die Erde einmal wiedergegeben hat, wird sie zum zweiten Mal nicht behalten" deutlich. Sie freut sich auf ein zweites Wiedersehen nach ihrem Tod.

Feldzüge und lustige Abenteuer des Freiherrn von Münchhausen. Wunderbare Reisen zu Wasser und zu Lande.
(Gottfried August Bürger)

Lerninhalte:

- Kennenlernen von zwei Lügengeschichten
- Fähigkeit zur inhaltlichen Erschließung der beiden Lügengeschichten
- Herausfinden der Übertreibungen in den beiden Lügengeschichten
- Wissen um die Person des Karl Friedrich Hieronymus Freiherr von Münchhausen
- Wissen um die Entstehung der Lügengeschichten des Freiherrn von Müchhausen

Arbeitsmittel / Medien:

- Arbeitsblatt
- Textblätter 1 / 2 / 3 / 4
- Bild 1 für die Tafel: Münchhausens Pferd auf der Kirchturmspitze
- Bild 2 für die Tafel: Im Sumpf
- Bild 3 für die Tafel: Münchhausens halbes, durstiges Pferd
- Bild 4 für die Tafel: Bärenfang – ganz einfach
- Folien 1 / 2 / 3: Bilder und Szenen aus Münchhausens Feldzügen und lustigen Abenteuern
- Folie 4: Autorenporträt (Gottfried August Bürger)
- Folie 5: Drei Männer und ein Buch
- Folie 6: Lösungsblatt zum Arbeitsblatt

Folie 4

Gottfried August Bürger

Er wurde am 31. Dezember 1747 in Molmerswende bei Quedlinburg geboren. In seinem abgelegenen Heimatdorf im Ostharz hatte Bürger keine Möglichkeit, sich schulisch weiterzubilden, denn sein Vater, der Pfarrer des Dorfes, kümmerte sich wenig um ihn. Auf Initative des Großvaters kam Bürger von 1760 bis 1763 in das Pädagogium in Halle, anschließend bis 1766 auf die dortige Universität, wo er Theologie studierte. Sein Interesse an poetischen Versuchen wurde u. a. durch Johann Wilhelm Ludwig Gleim gefördert. Ab 1768 studierte er Jura in Göttingen. 1772 wurde er Amtmann in Alten-Gleichen bei Göttingen. Die Stelle brachte viel Arbeit, finanziell aber wenig ein. Mannigfache Versuche, seinen Sorgen zu entgehen, wie Lotteriespiel, Gründung einer Verlagsanstalt, Auswanderung oder Pacht eines Landgutes, schlugen fehl. Ebenso gelang es nicht, eine andere Stelle zu erhalten. Kurz nach der Heirat mit Dorette Leonhardt 1774 verliebte er sich in deren Schwester Auguste, die „Molly" seiner Gedichte. In den folgenden zehn Jahren lebte Bürger mit den zwei Frauen in einer Ehe zu dritt. Als Dorette 1784 die Folgen der Geburt ihres dritten Kindes nicht überlebte, heiratete er ein Jahr später Auguste, die aber schon nach siebenmonatiger Ehe starb. Mit Unterstützung u. a. durch Georg Christoph Lichtenberg wurde er 1784 Privatdozent an der Göttinger Universität, wo er bis zu seinem Tode Vorlesungen und Übungen über Ästhetik, Stilistik, deutsche Sprache und Philosophie hielt. 1786 übersetzte Bürger Rudolf Erich Raspes Version der Münchhausen-Geschichten ins Deutsche und dichtete selbst neue hinzu. 1787 erhielt er die Ehrendoktorwürde, 1789 wurde er zum Professor ernannt, musste sich aber weiterhin unterordnen, da er keine feste Anstellung bekam. Seine unglückliche dritte Ehe mit Elsie Hahn, einer 23 Jahre jüngeren Frau, die ihn regelmäßig betrog, wurde 1792 geschieden. Gesellschaftlich isoliert starb er am 8. Juni 1794 in Göttingen an Schwindsucht.

Projekt Gutenberg © Spiegel Online 2011

Verlaufsskizze

I. Hinführung

Stummer Impuls	Bilder 1/2/3/4 (S. 165–168)	Vier Szenen aus Abenteuern des Freiherr von Münchhausen
Aussprache Überleitung		L: Wir lernen heute zwei Abenteuer des Freiherrn von Münchhausen kennen.
Zielangabe		Feldzüge und lustige Abenteuer des Freiherrn von Münchhausen. Wunderbare Reisen zu Wasser und zu Lande. (Gottfried August Bürger)

II. Textdarbietung

	Textblätter 1/2/3/4 (S. 161–164)	Münchhausens Reise nach Russland und St. Petersburg/Münchhausens Abenteuer im Kriege gegen die Türken/Münchhausens Jagdgeschichten
Erlesen Aussprache		

III. Arbeit am Text

Arbeitsaufgabe		L: Unterstreiche schwierige Begriffe. Kläre sie anschließend mithilfe des Wörtbuches und des Internets.
Zusammenfassung	Tafel	Livland – Affaire d'honneur – Postillion – Maxime – Oczakow – Avantgarde – Flankeurs – Litauer Rendezvous – Husar – Subjekt – Harem – Voltigierstückchen – Morast – wacker – Reineke – karbatschen – Exempel – Kasus – wohlappliziert a posteriori – a priori – bärbeißig – Petz – Roller
	Folien 1/2 (S. 169/170)	Szenen aus Münchhausens Abenteuern
Aussprache		
Erlesen mit Aussprache	Folie 3 (S. 171)	Münchhausens Lügengeschichten – eine Auswahl

IV. Wertung

Leitfrage Aussprache		L: Aufbau und Merkmale von Lügengeschichten?

V. Sicherung

Zusammenfassung	Arbeitsblatt (S. 173)	Feldzüge und lustige Abenteuer des Freiherrn von Münchhausen. Wunderbare Reisen zu Wasser und zu Lande. (Gottfried August Bürger)
Kontrolle (Lösungsblatt)	Folie 6 (S. 174)	

VI. Ausweitung

	Folie 4 (S. 159)	Autorenporträt (Gottfried August Bürger)
Erlesen mit Aussprache	Folie 5 (S. 172)	Drei Männer und ein Buch
Erlesen mit Aussprache		
Abschließendes Lesen		Münchhausens Reise nach Russland und St. Petersburg/Münchhausens Abenteuer im Krieg gegen die Türken/Münchhausens Jagdgeschichten

Münchhausens Reise nach Russland und St. Petersburg
(Gottfried August Bürger)

Ich trat meine Reise nach Russland von Haus ab mitten im Winter an, weil ich ganz richtig schloss, dass Frost und Schnee die Wege durch die nördlichen Gegenden von Deutschland, Polen, Kur- und Livland, welche nach der Beschreibung aller Reisenden fast noch elender sind als die Wege nach dem Tempel der Tugend, endlich, ohne besondere Kosten hochpreislicher, wohlfürsorgender Landesregie-

5 rungen, ausbessern müsste. Ich reisete zu Pferde, welches, wenn es sonst nur gut um Gaul und Reiter steht, die bequemste Art zu reisen ist. Denn man riskiert alsdann weder mit irgendeinem höflichen deutschen Postmeister eine Affaire d'honneur zu bekommen, noch von seinem durstigen Postillion vor jede Schenke geschleppt zu werden. Ich war nur leicht bekleidet, welches ich ziemlich übel empfand, je weiter ich gegen Nordost hin kam.

10 Nun kann man sich einbilden, wie bei so strengem Wetter, unter dem raschesten Himmelsstriche, einem armen, alten Manne zumute sein musste, der in Polen auf einem öden Anger, über den der Nordost hinschnitt, hilflos und schaudernd dalag und kaum hatte, womit er seine Schamblöße bedecken konnte.

Der arme Teufel dauerte mir von ganzer Seele. Ob mir gleich selbst das Herz im Leibe fror, so warf

15 ich dennoch meinen Reisemantel über ihn her. Plötzlich erscholl eine Stimme vom Himmel, die dieses Liebeswerk ganz ausnehmend herausstrich und mir zurief. „Hol' mich der Teufel, mein Sohn, das soll dir nicht unvergolten bleiben!"

Ich ließ das gut sein und ritt weiter, bis Nacht und Dunkelheit mich überfielen. Nirgends war ein Dorf zu hören noch zu sehen. Das ganze Land lag unter Schnee; und ich wusste weder Weg noch Steg.

20 Des Reitens müde, stieg ich endlich ab und band mein Pferd an eine Art von spitzem Baumstaken, der über dem Schnee hervorragte. Zur Sicherheit nahm ich meine Pistolen unter den Arm, legte mich nicht weit davon in den Schnee nieder und tat ein so gesundes Schläfchen, dass mir die Augen nicht eher wieder aufgingen, als bis es heller lichter Tag war. Wie groß war aber mein Erstaunen, als ich fand, dass ich mitten in einem Dorf auf dem Kirchhofe lag! Mein Pferd war anfänglich nirgends zu sehen;

25 doch hörte ich's bald darauf irgendwo über mir wiehern. Als ich nun emporsah, so wurde ich gewahr, dass es an den Wetterhahn des Kirchturms gebunden war und von da herunterhing. Nun wusste ich sogleich, wie ich dran war. Das Dorf war nämlich die Nacht über ganz zugeschneit gewesen; das Wetter hatte sich auf einmal umgesetzt, ich war im Schlafe nach und nach, so wie der Schnee zusammengeschmolzen war, ganz sanft herabgesunken, und was ich in der Dunkelheit für den Stummel

30 eines Bäumchens, der über dem Schnee hervorragte, gehalten und daran mein Pferd gebunden hatte, das war das Kreuz oder der Wetterhahn des Kirchturmes gewesen. Ohne mich nun lange zu bedenken, nahm ich eine von meinen Pistolen, schoss nach dem Halfter, kam glücklich auf die Art wieder an mein Pferd und verfolgte meine Reise. Hierauf ging alles gut, bis ich nach Russland kam, wo es eben nicht Mode ist, des Winters zu Pferde zu reisen. Wie es nun immer meine Maxime ist, mich nach dem

35 Bekannten „ländlich sittlich" zu richten, so nahm ich dort einen kleinen Rennschlitten auf ein einzelnes Pferd und fuhr wohlgemut auf St. Petersburg los. Nun weiß ich nicht mehr recht, ob es in Estland oder in Ingermanland war, so viel aber besinne ich mich noch wohl, es war mitten in einem fürchterlichen Walde, als ich einen entsetzlichen Wolf mit aller Schnelligkeit des gefräßigsten Winterhungers hinter mir ansetzen sah. Er holte mich bald ein; und es war schlechterdings unmöglich, ihm zu entkommen.

40 Mechanisch legte ich mich platt in den Schlitten nieder und ließ mein Pferd zu unserm beiderseitigen Besten ganz allein agieren. Was ich zwar vermutete, aber kaum zu hoffen und zu erwarten wagte, das geschah gleich nachher. Der Wolf bekümmerte sich nicht im mindesten um meine Wenigkeit, sondern sprang über mich hinweg, fiel wütend auf das Pferd, riss ab und verschlang auf einmal den ganzen Hinterteil des armen Tieres, welches vor Schrecken und Schmerz nur desto schneller lief. Wie ich

45 nun auf die Art selbst so unbemerkt und gut davongekommen war, so erhob ich ganz verstohlen mein Gesicht und nahm mit Entsetzen wahr, dass der Wolf sich beinahe über und über in das Pferd hineingefressen hatte. Kaum aber hatte er sich so hübsch hineingezwänget, so nahm ich mein Tempo wahr und fiel ihm tüchtig mit meiner Peitschenschnur auf das Fell. Solch ein unerwarteter Überfall in diesem Futteral verursachte ihm keinen geringen Schreck; er strebte mit aller Macht vorwärts, der Leichnam

50 des Pferdes fiel zu Boden, und siehe, an seiner Statt steckte mein Wolf in dem Geschirre. Ich meines Orts hörte nun noch weniger auf zu peitschen, und wir langten in vollem Galopp gesund und wohlbehalten in St. Petersburg an, ganz gegen unsere beiderseitigen respektiven Erwartungen und zu nicht geringem Erstaunen aller Zuschauer.

Münchhausens Abenteuer im Kriege gegen die Türken (1)
(Gottfried August Bürger)

Einst, als wir die Türken in Oczakow hineintrieben, ging's bei der Avantgarde sehr heiß her. Mein feuriger Litauer hätte mich beinahe in des Teufels Küche gebracht. Ich hatte einen ziemlich entfernten Vorposten und sah den Feind in einer Wolke von Staub gegen mich anrücken, wodurch ich wegen seiner wahren Anzahl und Absicht gänzlich in Ungewissheit blieb. Mich in eine ähnliche Wolke von Staub

5 einzuhüllen, wäre freilich wohl ein Alltagspfiff gewesen, würde mich aber ebenso wenig klüger gemacht als überhaupt der Absicht näher gebracht haben, warum ich vorausgeschickt war. Ich ließ daher meine Flankeurs zur Linken und Rechten auf beiden Flügeln sich zerstreuen und so viel Staub erregen, als sie nur immer konnten. Ich selbst aber ging gerade auf den Feind los, um ihn näher in Augenschein zu nehmen. Dies gelang mir. Denn er stand und focht nur so lange, bis die Furcht vor meinen Flankeurs

10 ihn in Unordnung zurücktrieb. Nun war's Zeit, tapfer über ihn herzufallen. Wir zerstreueten ihn völlig, richteten eine gewaltige Niederlage an und trieben ihn nicht allein in seine Festung zu Loche, sondern auch durch und durch, ganz über und wider unsere blutgierigsten Erwartungen.
Weil nun mein Litauer so außerordentlich geschwind war, so war ich der Vorderste beim Nachsetzen, und da ich sah, dass der Feind so hübsch zum gegenseitigen Tore wieder hinausfloh, so hielt ich's für

15 ratsam, auf dem Marktplatze anzuhalten und da zum Rendezvous blasen zu lassen. Ich hielt an, aber stellt euch, ihr Herren, mein Erstaunen vor, als ich weder Trompeter noch irgendeine lebendige Seele von meinen Husaren um mich sah. –
„Sprengen sie etwa durch andere Straßen? Oder was ist aus ihnen geworden?", dachte ich. Indessen konnten sie meiner Meinung nach unmöglich fern sein und mussten mich bald einholen. In dieser Er-

20 wartung ritt ich meinen atemlosen Litauer zu einem Brunnen auf dem Marktplatze und ließ ihn trinken. Er soff ganz unmäßig und mit einem Heißdurste, der gar nicht zu löschen war. Allein das ging ganz natürlich zu. Denn als ich mich nach meinen Leuten umsah, was meint ihr wohl, ihr Herren, was ich da erblickte? – Der ganze Hinterteil des armen Tieres, Kreuz und Lenden waren fort und wie rein abgeschnitten. So lief denn hinten das Wasser ebenso wieder heraus, als es von vorn hineingekommen

25 war, ohne dass es dem Gaul zugute kam oder ihn erfrischte. Wie das zugegangen sein mochte, blieb mir ein völliges Rätsel, bis endlich mein Reitknecht von einer ganz entgegengesetzten Seite angejagt kam und unter einem Strome von treuherzigen Glückwünschen und kräftigen Flüchen mir Folgendes zu vernehmen gab. Als ich pêle mêle mit dem fliehenden Feinde hereingedrungen wäre, hätte man plötzlich das Schutzgatter fallen lassen, und dadurch wäre der Hinterteil meines Pferdes rein abge-

30 schlagen worden. Erst hätte besagter Hinterteil unter den Feinden, die ganz blind und taub gegen das Tor angestürzt wären, durch beständiges Ausschlagen die fürchterlichste Verheerung angerichtet, und dann wäre er siegreich nach einer nahe gelegenen Weide hingewandert, wo ich ihn wahrscheinlich noch finden würde. Ich drehte sogleich um, und in einem unbegreiflich schnellen Galopp brachte mich die Hälfte meines Pferdes, die mir noch übrig war, nach der Weide hin. Zu meiner großen Freude fand

35 ich hier die andere Hälfte gegenwärtig, und zu meiner noch größeren Verwunderung sahe ich, dass sich dieselbe mit einer Beschäftigung amüsierte, die so gut gewählt war, dass bis jetzt noch kein maître des plaisirs mit allem Scharfsinne imstande war, eine angemessenere Unterhaltung eines kopflosen Subjekts ausfindig zu machen. Mit einem Worte, der Hinterteil meines Wunderpferdes hatte in den wenigen Augenblicken schon sehr vertraute Bekanntschaft mit den Stuten gemacht, die auf der Weide

40 umherliefen, und schien bei den Vergnügungen seines Harems alles ausgestandene Ungemach zu vergessen. Hiebei kam nun freilich der Kopf so wenig in Betracht, dass selbst die Fohlen, die dieser Erholung ihr Dasein zu danken hatten, unbrauchbare Missgeburten waren, denen alles das fehlte, was bei ihrem Vater, als er sie zeugte, vermisst wurde.
Da ich so unwidersprechliche Beweise hatte, dass in beiden Hälften meines Pferdes Leben sei, so ließ

45 ich sogleich unsern Kurschmied rufen. Dieser heftete, ohne sich lange zu besinnen, beide Teile mit jungen Lorbeersprösslingen, die gerade bei der Hand waren, zusammen. Die Wunde heilte glücklich zu; und es begab sich etwas, das nur einem so ruhmvollen Pferde begegnen konnte. Nämlich die Sprossen schlugen Wurzel in seinem Leibe, wuchsen empor und wölbten eine Laube über mir, sodass ich hernach manchen ehrlichen Ritt im Schatten meiner sowohl als meines Rosses Lorbeern tun konnte.

50 Einer andern kleinen Ungelegenheit von dieser Affäre will ich nur beiläufig erwähnen. Ich hatte so heftig, so lange, so unermüdet auf den Feind losgehauen, dass mein Arm dadurch endlich in eine unwillkürliche Bewegung des Hauens geraten war, als der Feind schon längst über alle Berge war.

Münchhausens Abenteuer im Kriege gegen die Türken (2)
(Gottfried August Bürger)

Um mich nun nicht selbst oder meine Leute, die mir zu nahe kamen, für nichts und wider nichts zu prügeln, sah ich mich genötigt, meinen Arm an die acht Tage lang ebensogut in der Binde zu tragen, als ob er mir halb abgehauen gewesen wäre.

Einem Manne, meine Herren, der einen Gaul, wie mein Litauer war, zu reiten vermochte, können Sie
5 auch wohl noch ein anderes Voltigier- und Reiterstückchen zutrauen, welches außerdem vielleicht ein wenig fabelhaft klingen möchte. Wir belagerten nämlich, ich weiß nicht mehr welche Stadt, und dem Feldmarschall war ganz erstaunlich viel an genauer Kundschaft gelegen, wie die Sachen in der Festung stünden. Es schien äußerst schwer, ja fast unmöglich, durch alle Vorposten, Wachen und Festungswerke hineinzugelangen, auch war eben kein tüchtiges Subjekt vorhanden, wodurch man
10 so was glücklich auszurichten hätte hoffen können. Vor Mut und Diensteifer fast ein wenig allzurasch stellte ich mich neben eine der größten Kanonen, die soeben nach der Festung abgefeuert ward, und sprang im Hui auf die Kugel, in der Absicht, mich in die Festung hineintragen zu lassen. Als ich aber halbweges durch die Luft geritten war, stiegen mir allerlei nicht unerhebliche Bedenklichkeiten zu Kopfe. „Hum", dachte ich, „hinein kommst du nun wohl, allein wie hernach sogleich wieder heraus? Und
15 wie kann's dir in der Festung ergehen? Man wird dich sogleich als einen Spion erkennen und an den nächsten Galgen hängen. Ein solches Bette der Ehren wollte ich mir denn doch wohl verbitten." Nach diesen und ähnlichen Betrachtungen entschloß ich mich kurz, nahm die glückliche Gelegenheit wahr, als eine Kanonenkugel aus der Festung einige Schritte weit vor mir vorüber nach unserm Lager flog, sprang von der meinigen auf diese hinüber und kam, zwar unverrichteter Sache, jedoch wohlbehalten
20 bei den lieben Unsrigen wieder an.

So leicht und fertig ich im Springen war, so war es auch mein Pferd. Weder Gräben noch Zäune hielten mich jemals ab, überall den geradesten Weg zu reiten. Einst setzte ich darauf hinter einem Hasen her, der querfeldein über die Heerstraße lief. Eine Kutsche mit zwei schönen Damen fuhr diesen Weg gerade zwischen mir und dem Hasen vorbei. Mein Gaul setzte so schnell und ohne Anstoß mitten durch
25 die Kutsche hindurch, wovon die Fenster aufgezogen waren, dass ich kaum Zeit hatte, meinen Hut abzuziehen und die Damen wegen dieser Freiheit untertänigst um Verzeihung zu bitten.

Ein andres Mal wollte ich über einen Morast setzen, der mir anfänglich nicht so breit vorkam, als ich ihn fand, da ich mitten im Sprunge war. Schwebend in der Luft wendete ich daher wieder um, wo ich hergekommen war, um einen größern Anlauf zu nehmen. Gleichwohl sprang ich auch zum zweiten
30 Male noch zu kurz und fiel nicht weit vom andern Ufer bis an den Hals in den Morast. Hier hätte ich unfehlbar umkommen müssen, wenn nicht die Stärke meines eigenen Armes mich an meinem eigenen Haarzopfe, samt dem Pferde, welches ich fest zwischen meine Knie schloss, wieder herausgezogen hätte.

Münchhausens Jagdgeschichten
(Gottfried August Bürger)

Ich übergehe manche lustige Auftritte, die wir bei dergleichen Gelegenheiten hatten, weil ich Ihnen noch verschiedene Jagdgeschichten zu erzählen gedenke, die mir merkwürdiger und unterhaltender scheinen. Sie können sich leicht vorstellen, meine Herren, dass ich mich immer vorzüglich zu solchen wackern Kumpanen hielt, welche ein offenes, unbeschränktes Waldrevier gehörig zu

5 schätzen wussten. Sowohl die Abwechselung des Zeitvertreibes, welchen dieses mir darbot, als auch das außerordentliche Glück, womit mir jeder Streich gelang, gereichen mir noch immer zur angenehmsten Erinnerung.

[...] Ein anderes Mal stieß mir in einem ansehnlichen Walde von Russland ein wunderschöner schwarzer Fuchs auf. Es wäre jammerschade gewesen, seinen kostbaren Pelz mit einem Kugel-

10 oder Schrotschusse zu durchlöchern. Herr Reineke stand dicht bei einem Baume. Augenblicklich zog ich meine Kugel aus dem Laufe, lud dafür einen tüchtigen Brettnagel in mein Gewehr, feuerte und traf so künstlich, dass ich seine Lunte fest an den Baum nagelte. Nun ging ich ruhig zu ihm hin, nahm mein Weidmesser, gab ihm einen Kreuzschnitt übers Gesicht, griff nach meiner Peitsche und karbatschte ihn so artig aus seinem schönen Pelze heraus, dass es eine wahre Lust und ein

15 rechtes Wunder zu sehen war. [...]

Was sagen Sie zum Exempel von folgendem Kasus? Mir waren einmal Tageslicht und Pulver in einem polnischen Walde ausgegangen. Als ich nach Hause ging, fuhr mir ein ganz entsetzlicher Bär mit offenem Rachen, bereit mich zu verschlingen, auf den Leib. Umsonst durchsuchte ich in der Hast alle meine Taschen nach Pulver und Blei. Nichts fand ich als zwei Flintensteine, die man

20 auf einen Notfall wohl mitzunehmen pflegt. Davon warf ich einen aus aller Macht in den offenen Rachen des Ungeheuers, ganz seinen Schlund hinab. Wie ihm das nun nicht allzuwohl deuchten mochte, so machte mein Bär linksum, sodass ich den andern nach der Hinterpforte schleudern konnte. Wunderbar und herrlich ging alles vonstatten. Der Stein fuhr nicht nur hinein, sondern auch mit dem andern Steine dergestalt zusammen, dass es Feuer gab und den Bär mit einem

25 gewaltigen Knalle auseinandersprengte. Man sagt, dass so ein wohlapplizierter Stein a posteriori, besonders wenn er mit einem a priori recht zusammenfuhr, schon manchen bärbeißigen Gelehrten und Philosophen in die Luft sprengte. – Ob ich nun gleich dasmal mit heiler Haut davonkam, so möchte ich das Stückchen doch eben nicht noch einmal machen oder mit einem Bär ohne andre Verteidigungsmittel anbinden.

30 Es war aber gewissermaßen recht mein Schicksal, dass die wildesten und gefährlichsten Bestien mich gerade alsdann angriffen, wenn ich außerstande war, ihnen die Spitze zu bieten, gleichsam als ob ihnen der Instinkt meine Wehrlosigkeit verraten hätte. So hatte ich einst gerade den Stein von meiner Flinte abgeschraubt, um ihn etwas zu schärfen, als plötzlich ein schreckliches Ungeheuer von einem Bären gegen mich anbrummte. Alles was ich tun konnte, war, mich eiligst auf

35 einen Baum zu flüchten, um dort mich zur Verteidigung zu rüsten. Unglücklicherweise aber fiel mir während des Hinaufkletterns mein Messer, das ich eben gebraucht hatte, heruntern, und nun hatte ich nichts, um die Schraube, die sich ohnedies sehr schwer drehen ließ, zu schließen. Unten am Baume stand der Bär, und mit jedem Augenblicke musste ich erwarten, dass er mir nachkommen würde. Mir Feuer aus den Augen zu schlagen, wie ich wohl ehemals getan hatte, wollte ich nicht

40 gerne versuchen, weil mir, anderer Umstände, die im Wege standen, nicht zu gedenken, jenes Experiment heftige Augenschmerzen zugezogen hatte, die noch nicht ganz vergangen waren. Sehnlich blickte ich nach meinem Messer, das unten senkrecht im Schnee steckte; aber die sehnsuchtsvollsten Blicke machten die Sache nicht um ein Härchen besser. Endlich kam ich auf einen Gedanken, der so sonderbar als glücklich war. Ich gab dem Strahle desjenigen Wassers, von dem

45 man bei großer Angst immer großen Vorrat hat, eine solche Richtung, dass es gerade auf das Heft meines Messers traf. Die fürchterliche Kälte, die eben war, machte, dass das Wasser sogleich gefror und in wenigen Augenblicken sich über meinem Messer eine Verlängerung von Eis bildete, die bis an die untersten Äste des Baumes reichte. Nun packte ich den aufgeschossenen Stiel und zog ohne viel Mühe, aber mit desto mehr Behutsamkeit mein Messer zu mir herauf. Kaum hatte ich

50 damit den Stein festgeschraubt, als Herr Petz angestiegen kam. Wahrhaftig, dachte ich, man muss so weise als ein Bär sein, um den Zeitpunkt so gut abzupassen, und empfing Meister Braun mit einer so herzlich gemeinten Bescherung von Rollern, dass er auf ewig das Baumsteigen vergaß.

Münchhausen. Illustration: Gustave Doré

Münchhausen. Illustration: Gustave Doré

Münchhausen. Illustration: Gustave Doré

Münchhausen. Illustration: Gustave Doré

Münchhausen. Illustrationen von Oskar Herrfurth

Münchhausen. Illustrationen von Rolf Winkler

Münchhausen. Illustrationen von Gustave Doré

Münchhausens Lügengeschichten – eine Auswahl

Obwohl man nur von vier Lügengeschichten mit Sicherheit weiß, dass Münchhausen sie tatsächlich erzählt hat, werden dem Baron insgesamt weit über hundert zugeschrieben. Die bekanntesten Geschichten sind:

• Münchhausen bindet bei dichtem Schneetreiben sein Pferd an einen Pflock, der sich, nachdem der Schnee geschmolzen ist, als Kirchturmspitze herausstellt.

• Münchhausen fängt mit an eine Leine gebundenen Speckstückchen Enten, die dann aber aufflattern und ihn durch die Luft tragen.

• Münchhausen schießt einem Hirsch eine Ladung Kirschkerne auf den Kopf, woraus dann ein Baum wächst.

• Münchhausen schießt Hühner mit einem Ladestock.

• Münchhausen jagt einen achtbeinigen Hasen.

• Münchhausen greift einem Wolf in den Rachen und wendet sein Inneres nach außen.

• Münchhausen holt sein in den Schnee gefallenes Messer mittels eines gefrorenen Harnstrahls zu sich herauf.

• Münchhausens Pferd wird durch ein Tor in der Mitte geteilt. Während der Lügenbaron unwissend mit der vorderen Hälfte zur einem Brunnen reitet und sein Pferd trinken lässt, vergnügt sich der hintere Teil auf der Wiese mit Stuten.

• Münchhausen reitet auf einer Kanonenkugel in eine belagerte Stadt, steigt dann aber kurzerhand auf eine in die Gegenrichtung fliegende Kugel um und kehrt unbeschadet zurück.

• Münchhausen zieht sich und sein Pferd an den eigenen Haaren aus einem Sumpf.

• Münchhausen reitet mit seinem Pferd auf einem gedeckten Tisch, ohne das Geschirr zu zerbrechen.

• Münchhausen wirft seine silberne Axt so weit, dass sie auf dem Mond landet. Mithilfe einer Bohnenranke steigt er hinauf, um sie zu holen.

• An einem kalten Wintertag gefrieren die Töne im Posthorn eines Kutschers. Später taut das Horn in der Schenke auf und gibt die Musik von sich.

• Münchhausens schnellfüßiger Diener holt dem Sultan innerhalb einer Stunde eine Flasche Tokajer von Wien und bringt sie nach Konstantinopel (Istanbul).

• Münchhausen fängt einen Bären, indem er eine Deichsel mit Honig bestreicht.

• Münchhausen springt mit seinem Pferd durch die Fenster einer dahinjagenden Kutsche.

• Münchhausen entsteigt unverletzt dem Bauch eines riesengroßen Fisches, der gefangen wurde.

Münchhausen. Illustrationen von Gustave Doré

Drei Männer und ein Buch

Drei Männer des 18. Jahrhunderts sind verantwortlich für den weltweiten Erfolg eines Buches, das bis heute mehr als 1000 Ausgaben in über 30 Sprachen erfahren haben dürfte: Der erzählfreudige Gutsbesitzer Hieronymus Carl Friedrich Freiherr von Münchhausen, der vielseitige Gelehrte Rudolf Erich Raspe und der Dichter Gottfried August Bürger.

Hieronymus Carl Friedrich Freiherr von Münchhausen

Er wurde am 11. Mai 1720 in Bodenwerder geboren und war ein deutscher Adliger aus dem Kurfürstentum Braunschweig-Lüneburg. Ihm werden die Geschichten vom Baron Münchhausen zugeschrieben. Im Alter von 13 Jahren ging er als Page an den Hof zu Wolfenbüttel. Mit 18 Jahren trat er im Gefolge des Prinzen Anton-Ulrich in dessen russisches Kürassierregiment in Riga ein, wo er 1740 zum Leutnant und 1750 zum Rittmeister ernannt wurde. Von seinem Freund, dem baltischen Landadligen Georg Gustav von Dunten, wurde er wiederholt auf dessen Landgut eingeladen, wo beide der Entenjagd nachgingen. In einer Schenke der Stadt soll sich Münchhausen erstmals als Geschichtenerzähler betätigt haben. Auf von Duntens Landgut lernte der Baron auch dessen Tochter Jacobine von Dunten kennen, die er dann am 2. Februar 1744 heiratete. Ab 1740 nahm Münchhausen zwei Jahre lang an den Kriegen gegen die Türken teil. Einige der ihm zugeschriebenen Lügengeschichten – wie etwa der berühmte Ritt auf der Kanonenkugel – haben diese kriegerischen Auseinandersetzungen zum Hintergrund. Ab 1750 verlebte Münchhausen mit seiner Frau auf dem ererbten Gut in Bodenwerder weitere vierzig glückliche, wenngleich kinderlose Jahre. Dorthin lud er regelmäßig Freunde ein, denen er seine fantasievollen Lügengeschichten zum Besten gab. Nach dem Tod seiner Frau ging der alte Münchhausen 1794 mit der 20-jährigen Bernhardine von Brünn eine Ehe ein, die bald mit schlimmen Zerwürfnissen und einem Aufsehen erregenden ruinösen Scheidungsprozess endete. Verbittert und verarmt starb Hieronymus Carl Friedrich Freiherr von Münchhausen am 22. Februar 1797 in Bodenwerder.

Rudolf Erich Raspe

Der in England lebende deutsche Gelehrte Rudolf Erich Raspe (1736–1794) erstellte im Sommer bzw. Herbst 1785 auf der Grundlage von zwei Texten ein eigenes Münchhausen-Buch, nämlich *Baron Munchhausens Narrative of His Marvellous Travels und Campaigns in Russia*. Er veröffentlichte es anonym im Dezember desselben Jahres. Im April 1786 erweiterte er es vor allem um die Seeabenteuer. Im Mai und Juli 1786, im Frühjahr 1787 sowie 1789 publizierte er in England eine dritte, vierte, fünfte und sechste Auflage. Dort baute er überdies Geschichten von Lukian und englische Kriegsberichte ein. 1792 folgte schließlich noch ein zweiter Band.

Gottfried August Bürger

Im September 1786 veröffentlichte der deutsche Dichter Gottfried August Bürger in Göttingen *Wunderbare Reisen zu Wasser und zu Lande – Feldzüge und lustige Abenteuer des Freiherrn von Münchhausen*. Dieses Werk gilt heute als bekannteste Fassung der Abenteuer des Lügenbarons. Es stellt teilweise eine Übersetzung von Raspes Vorlage, teilweise aber auch Bürgers eigene Schöpfung dar. Auf der Basis von Raspes fünfter Auflage veröffentlichte Bürger im Herbst 1788 seine zweite, erweiterte Ausgabe. Raspes sechste Auflage sowie sein zweiter Band interessierten Gottfried August Bürger nicht mehr.

Lit	Name: _____	Datum: _____

Feldzüge und lustige Abenteuer des Freiherrn von Münchhausen. Wunderbare Reisen zu Wasser und zu Lande.
(Gottfried August Bürger)

❶ Finde die Textstellen in Münchhausens Reise nach Russland und St. Petersburg und in den Türkenkriegen, bei denen es sich um Lügengeschichten handelt.

_____

_____

_____

❷ In den Jagdgeschichten findest du maßlose Übertreibungen. Schreibe diese heraus.

_____

_____

_____

❸ Beschreibe das Bild rechts.

_____

_____

❹ Was sind Merkmale von Lügengeschichten?

_____

_____

❺ Münchhausens Lügengeschichten sind immer gleich aufgebaut. Inwiefern?

_____

_____

_____

❻ Charakterisiere die Figur Münchhausen. Wie stellt sie sich dar?

_____

_____

❼ Zähle weitere Münchhausiaden auf, die Unwahrscheinliches zum Inhalt haben.

_____

_____

_____

_____

_____

Lit | Lösung

Feldzüge und lustige Abenteuer des Freiherrn von Münchhausen. Wunderbare Reisen zu Wasser und zu Lande.
(Gottfried August Bürger)

❶ **Finde die Textstellen in Münchhausens Reise nach Russland und St. Petersburg und in den Türkenkriegen, bei denen es sich um Lügengeschichten handelt.**

Pferd hängt an der Kirchturmspitze; Wolf frisst Pferd und steckt anstelle dessen im Geschirr; ein halbes Pferd säuft aus einem Brunnen; unwillkürliche Armbewegungen: „Prügelarm"; Ritt auf der Kanonenkugel; Sprung mit dem Pferd durch eine vorbeifahrende Kutsche; Ziehen aus dem Sumpf

❷ **In den Jagdgeschichten findest du maßlose Übertreibungen. Schreibe diese heraus.**

Münchhausen schießt einen Nagel durch die Lunte eines Fuchses, sodass dieser an einem Baum hängen bleibt. Zwei Flintensteine, die im Leib des Bären aufeinanderprallen, bringen diesen zum Platzen. Münchhausen holt sein in den Schnee gefallenes Messer mittels eines gefrorenen Harnstrahls zu sich herauf.

❸ **Beschreibe das Bild rechts.**

Münchhausen fängt mit an eine Leine gebundenen Speckstückchen Enten, die dann aber aufflattern und ihn durch die Luft tragen, wobei er mit seinem Rock noch steuern kann.

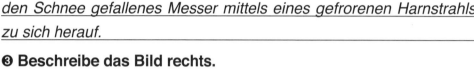

❹ **Was sind Merkmale von Lügengeschichten?**

Lügengeschichten übertreiben maßlos und haben keinen Bezug zur Realität. Das Unwirkliche, Unwahrscheinliche und Fantastische wird als natürlich und machbar hingestellt.

❺ **Münchhausens Lügengeschichten sind immer gleich aufgebaut. Inwiefern?**

Zu Beginn der Geschichte wird ganz realistisch zumeist eine Notlage geschildert. Mit einer Idee zur Lösung des Problems oder durch ein zufälliges Ereignis kommt im Hauptteil Irreales ins Spiel, das dazu beiträgt, sich am Ende aus der misslichen Situation befreien zu können.

❻ **Charakterisiere die Figur Münchhausen. Wie stellt sie sich dar?**

Als Ich-Erzähler stellt sich der Lügenbaron immer als äußerst tapferer, wagemutiger, listiger Haudegen dar, der mit Fantasie und Kreativität die verrücktesten Abenteuer besteht. Bei seinen übermenschlichen Taten sind die Gesetze der Natur und die der Logik außer Kraft gesetzt.

❼ **Zähle weitere Münchhausiaden auf, die Unwahrscheinliches zum Inhalt haben.**

Ein Axtwurf bis zum Mond; auf den Mond steigen, dort leben können und mit einem Seil herunterklettern; im Bauch eines großen Fisches überleben können; einen achtbeinigen Hasen jagen; ein eingefrorenes Posthorn, dessen Töne erst nach dem Auftauen erklingen; sich selbst an den Haaren aus dem Sumpf herausziehen; einen Bären fangen, der sich durch eine Deichsel „hindurchfrisst".

Bildnachweis

S. 150/151/152: Die Bambergische Halsgerichtsordnung. Johann Freiherr von Schwarzenberg (1531).

S. 153: Johann Peter Hebel. Foto © dpa.

S. 156/157/158: Original-Illustration aus dem „Rheinländischen Hausfreund" (1811); www.google.de/Erdbeben_von_Lissabon; www.sagen.at/doku/bergbau/images/Bergwerk_Falun.

S. 159: Gottfried August Bürger. Zeichnung Hugo Bürkner, Leipzig (1854).

S. 165/166/167/169/170/171: Die Abenteuer des Freiherrn von Münchhausen. Illustrationen von Gustave Doré (1862).

S. 169/173/174: Zeichnungen von Oskar Herrfurth (1862–1913).

S. 170/173/174: Illustrationen von Rolf Winkler (1920).

S. 172: Freiherr von Münchhausen, Gemälde von G. Bruckner (1752); Rudolf Erich Raspe (1736–1794), Medaillon von James Tassie; Gottfried August Bürger, Gemälde von Johann Heinrich Tischbein d. J. (1771).

Textnachweis

S. 9/10: Walter Freinbichler: 30 lateinische Fabeln von der Antike bis zur Gegenwart, arrangiert von Prof. Mag. Walter Freinbichler © www.braumueller.at (Text verändert).

S. 21/29/35: Aus: Schöne Fabeln des Altertums. Äsop, Phädrus, Babrios. Ausgewählt und übertragen von Horst Gasse. Dietrich Verlag, Leipzig o. J.

S. 12: Wilhelm Busch. Fink und Frosch. Sämtliche Werke und eine Auswahl der Skizzen und Gemälde in zwei Bänden. Herausgegeben von Rolf Hochhuth, C. Bertelsmann Verlag 1982.

S. 21: Aus: Jean de La Fontaine. Die Fabeln. Gesamtausgabe. Hasso Ebeling Verlag, Luxemburg 1982.

S. 21: Georg Born: Sie tanzte nur einen Winter. Aus: Georg Born, Borns Tierleben. Satirisches von Georg Born. Kumm Verlag, Offenbach 1955.

S. 21: Aus: H. Arntzen, Kurzer Prozess. Aphorismen und Fabeln. Nymphenburger Verlagshandlung, München 1966.

S. 29: Martin Luther: Die Teilung der Beute. Aus: Vom wolff und lemlin. Martin Luthers Fabeln Hrsg. von Willi Steinberg. Niemeyer Verlag, Halle a. d. Saale 1961.

S. 29: Aus: James G. Thurber: Der propre Ganter. 75 Fabeln für Zeitgenossen. Übersetzung von Ulla Hengst, Hans Reisiger, H. M. Ledig-Rowohlt © Rowohlt Verlag GmbH, Reinbek 1967.

S. 29: Aus: H. Arntzen, Kurzer Prozess. Aphorismen und Fabeln. Nymphenburger Verlagshandlung, München 1966.

S. 33: Otto Waalkes: Das Märchen vom Fuchs und dem Raben. Aus: Gerhard Grümmer. Travestien über Fuchs und Rabe, Verlag Michaela Naumann, Hanau 1993.

S. 35: Aus: G. E. Lessing, Gesammelte Werke in 10 Bänden. Hrsg. von Paul Rilla. Bd. 1. Aufbau-Verlag, Berlin 1954.

S. 35: Franz Grillparzer: Fabel. Aus: Franz Grillparzer, Sämtliche Werke. Historisch-kritische Gesamtausgabe. Hrsg. von August Sauer. 2. Abteilung. Bd. 10. Schroll Verlag, Wien 1917.

S. 35: Aus: Jean de La Fontaine. Die Fabeln. Gesamtausgabe. Hasso Ebeling Verlag, Luxemburg 1982.

S. 67: Ch. F. Gellert: Das Pferd und die Bremse. Aus: Ch. F. Gellert, Fabeln und Erzählungen. Hrsg. von Hans Krey. Union Verlag, Berlin 1953.

S. 67: Ch. A. Fischer: Der Löwe und die Mücke. Aus: Der Wolf und das Pferd, Deutsche Tierfabeln des 18. Jahrhunderts. Hrsg. von Karl Emmerich. Wissenschaftliche Buchgesellschaft, Darmstadt 1960.

S. 67: Wolfdietrich Schnurre: Die Macht der Winzigkeit/Politik. Aus: W. Schnurre: Fabeln © Langen Müller in der F. A. Herbig Verlagsbuchhandlung GmbH, München.

S. 67: Aus: James G. Thurber: Der propre Ganter. 75 Fabeln für Zeitgenossen. Übersetzung von Ulla Hengst, Hans Reisiger, H. M. Ledig-Rowohlt © Rowohlt Verlag GmbH, Reinbek 1967.

S. 77: Aus: James G. Thurber: Der propre Ganter. 75 Fabeln für Zeitgenossen. Übersetzung von Ulla Hengst, Hans Reisiger, H. M. Ledig-Rowohlt © Rowohlt Verlag GmbH, Reinbek 1967.

S. 85: Wolfdietrich Schnurre: Die Macht der Winzigkeit / Politik. Aus: W. Schnurre: Fabeln © Langen Müller in der F. A. Herbig Verlagsbuchhandlung GmbH, München.

S. 85: Reiner Kunze: Das Ende der Fabeln. Aus ders., gespräch mit der amsel © S. Fischer Verlag GmbH, Frankfurt am Main 1984.

S. 85/121/127/133: Franz Kafka, Die Erzählungen. S. Fischer Verlag, Frankfurt a. M. 1961. © Schocken Verlag, Berlin 1935. © 1946/1963 Schocken Books Inc., New York. Europäische Lizenzausgabe in S. Fischer Verlag.

S. 99: L. Bromfield: Meine Freunde. Aus: Der große Regen, übersetzt von Rudolf Frank. Albert Scherz Verlag, Bern/ München 1945.

S. 103: Bertolt Brecht: Der hilflose Knabe. Bertolt Brecht: Maßnahmen gegen die Gewalt. Aus: Bertolt Brecht: Gesammelte Werke Bd. 12 © Suhrkamp Verlag, Frankfurt am Main 1967.

S. 109: Christa Reinig: Skorpion. Aus: Christa Reinig: Orion trat aus dem Haus. Neue Sternbilder © Verlag Eremiten-Presse, Düsseldorf 1968.

S. 115: Ernst Bloch: Armer und reicher Teufel. Aus: Ernst Bloch: Spuren © Suhrkamp Verlag, Frankfurt am Main 2000.

S. 122: Vom verlorenen Sohn. Lukas 15;11–32. Bibel.

S. 123: Franz Kafka: Brief an den Vater. Aus: Quelle nicht bekannt.

S. 143: Till Ulenspiegel. Insel-Bücherei Nr. 56 © Insel-Verlag, Leipzig o. J.

S. 149/155: Johann Peter Hebel: Der kluge Richter. Johann Peter Hebel: Unverhofftes Wiedersehen. Aus: Johann Peter Hebel: Werke. Zwei Bände; hrsgg. v. Otto Behagel, Bd. 2: Schatzkästlein des rheinischen Hausfreundes, 1884

S. 161–164: Gottfried August Bürger: Feldzüge und lustige Abenteuer des Freiherrn von Münchhausen. Wunderbare Reisen zu Wasser und zu Lande. Aus: Projekt Gutenberg © Spiegel online 2011.